L'ANIMAL EST UNE PERSONNE

Du même auteur

Aux Éditions Gallimard

Le Vieil Homme et la Mort, 1996 (Folio, n° 2972).

Mort d'un berger, 2002 (Folio, n° 3978).

L'Abatteur, 2003 (« La Noire », Folio policier n° 410).

L'Américain, 2004 (Folio n° 4343).

Le Huitième Prophète ou Les aventures extraordinaires d'Amros le celte, 2008 (Folio n° 4985).

Un très grand amour, 2010 (Folio n° 5221).

Dieu, ma mère et moi, 2012 (Folio n° 5624).

La Cuisinière d'Himmler, 2013 (Folio n° 5854), Prix Épicure.

Aux Éditions Grasset

L'Affreux, 1992. Grand Prix du roman de l'Académie française (Folio n° 4753).

La Souille, 1995. Prix Interallié (Folio n° 4682).

Le Sieur Dieu, 1998 (Folio n° 4527).

Aux Éditions du Seuil

François Mitterrand ou la tentation de l'histoire, 1997.

Monsieur Adrien, 1982.

Jacques Chirac, 1987.

Le Président, 1990.

La Fin d'une époque, 1993 (Fayard-Seuil).

François Mitterrand, une vie, 1996.

Aux Éditions Flammarion

La Tragédie du président, 2006.

L'Immortel, 22 balles pour un seul homme, 2007. Grand Prix littéraire de Provence.

Le Lessiveur, 2009.

M. le président, 2011.

L'amour est éternel tant qu'il dure, 2014.

Aux Éditions du Cherche-Midi

Le Dictionnaire d'anti-citations, 2013.

Aux Éditions J'ai Lu

Le jour de gloire est arrivé, avec Éric Jourdan, 2007.

Franz-Olivier Giesbert

L'animal est une personne

Pour nos sœurs et frères les bêtes

Fayard

Ouvrage publié sous la direction de Fabrice d'Almeida.

Couverture : conception graphique Antoine Du Payrat,
d'après une illustration de Gustave Doré « Le Chat botté »
© RMN-Grand-Palais / Agence Bulloz

ISBN : 978-2213-68562-5

À Michel O.

« Je fus au cours des temps le garçon et la fille,
l'arbre, l'oiseau ailé et le muet des eaux. »

Empédocle

« Au fond de ma révolte contre les forts,
je trouve du plus loin qu'il me souvienne l'horreur
des tortures infligées aux bêtes. »

Louise Michel

« Le Christ est avec les bêtes
avant d'être avec nous. »

Fiodor Dostoïevski

Prologue

Au commencement était le ver, un ver aquatique sans tête et à corps mou. Il est apparu dans les océans il y a cinq cents millions d'années.

Il paraît que nous descendons tous de ce ver acéphale. Les fourmis, les éléphants, les filles, les lucioles, les chèvres, les garçons, les perroquets, les ratons-laveurs et les truites de mer.

De nos débuts en ce bas monde, il n'y a donc pas de quoi se vanter : notre ancêtre commun était un tube digestif qui rampait dans les océans, avec une bouche pour absorber les aliments et un anus pour éjecter les excréments. Rien de plus. C'est ainsi que nous sommes devenus ce que nous sommes : des humains, des oiseaux, des reptiles ou des insectes. Tous des semblables, même si nous ne nous ressemblons pas.

Longtemps après, nous avons quitté le stade vermiforme pour commencer à circuler dans l'eau à la recherche de nourriture. Des nageoires et une mâchoire dentue sont apparues. Il y a quatre cents millions d'années, nous étions des poissons.

Un jour, nous avons fini par sortir de l'eau et par prendre enfin l'air pour trouver notre pitance sur terre. De poissons, nous sommes devenus tétrapodes, avec deux paires de pattes. Pour être plus précis, des reptiles mammaliens, avec un rythme de vie nocturne, qui préfiguraient les mammifères.

Nous ne descendons pas du ver, du poisson, du tétrapode, du cochon ou du singe, nous sommes tout cela à la fois, comme l'indiquent nos chromosomes. Nous avons mieux réussi que les autres, voilà tout. Au point de devenir un cas d'école : la seule espèce animale, avec le rat-taupe, à exterminer les siens.

Cette particularité mise à part, l'*homo sapiens*, même s'il s'est juché au sommet de la création, n'en est finalement qu'un élément parmi d'autres, comptant 46 chromosomes, autant que le serpent ou la chauve-souris, mais moins que le poulet (78), le poisson rouge (100) ou l'esturgeon à museau court (372).

Platon observait que nous vivons coupés en deux. Telle est la tragédie de notre espèce, l'origine de sa congénitale nostalgie. Ici-bas, il nous manque toujours quelque chose que comblent l'amour, mais aussi l'amitié et la transcendance. Pour être heureux, il nous faut des matchs, des victoires, des messes, des concerts : la plupart d'entre nous ont besoin de se sentir en communion avec les autres.

Quand il s'agit d'aller vers nos congénères, ça ne se discute pas, c'est même une aspiration naturelle que servent d'ailleurs les religions qui, par définition, sont des faiseuses de lien. Avec le monde animal, en revanche, les choses ne vont pas de soi, nous chipotons volontiers notre pitié au nom du principe qu'elle n'est pas extensible.

Or, la détresse est indivisible. La compassion aussi. Je ne vois pas pourquoi celle-ci serait moins légitime dès lors qu'elle concernerait les bêtes avec lesquelles nous avons tant partagé depuis la nuit des temps. À croire que certains êtres en seraient dignes et d'autres pas. Je refuse l'idée anthropocentriste et stupidement malthusienne selon laquelle tout l'amour qu'on donne aux animaux, on le retirerait aux humains.

Au contraire, dès qu'on commence à peser la charité sur le mode chichiteux, c'est qu'on n'en a pas beaucoup en soi. C'est un même élan qui nous porte vers les humiliés et les offensés, qu'ils soient vêtus, à écailles, à plumes, à poils courts ou longs. La solidarité est totale ou elle n'est pas. Ce sentiment ne s'économise pas.

À l'heure où la science s'intéresse enfin à eux et avance à pas de géant dans la connaissance des animaux, notamment des poissons, notre espèce est condamnée à changer d'attitude : ce sont bien nos frères et nos sœurs, comme le disait déjà saint François d'Assise ; il va falloir les traiter autrement. Rien n'arrêtera la révolution des esprits qui a commencé.

Si j'ai écrit ce livre, c'est pour tirer les leçons d'une vie passée avec eux depuis la petite enfance, à la ferme, puis en ville. Au fil des pages, je vous parlerai de plusieurs de mes amis auxquels, si grands soient mes hommages, je ne pourrai jamais rendre les bonheurs qu'ils m'ont donnés, avec leur candeur et leur humour : le jeune bouc Perdican ou le vieux perroquet Coco et puis des chats, des araignées, des bovins ou des chiens.

Je n'oublierai jamais la joie de vivre du renard que j'ai vu danser face au soleil, à la fin d'une splendide journée d'août, dans mon clos normand. Je n'oublierai jamais le rire du labrador qui s'amusait à cacher mes chaussures. Je n'oublierai jamais le regard dévasté du chevreuil accidenté de la route, sur la départementale de Cavaillon, que des Thénardier provençaux s'étaient empressés de fourrer dans le coffre de leur camionnette pour le débiter chez eux. Dans ses yeux, je lisais qu'il était mon semblable : nous n'avions pas besoin de nous parler pour nous comprendre.

J'ai écrit aussi cette célébration des animaux pour nous inviter tous à nous réconcilier avec leur monde dont l'humanité a cherché depuis si longtemps à se retrancher et avec lequel, en vérité, elle ne fait qu'un, nos sorts étant liés, pour le pire et le meilleur, tant que durera la vie sur notre planète. Alors que nous consommons chaque année des milliards de bêtes issues de cette terre et de la mer, il est temps que nous descendions de notre piédestal pour les retrouver, les écouter, les comprendre.

L'affaire Perdican

Quand je remonte dans ma mémoire pour retrouver mes premiers émois avec un animal, c'est une chèvre que je vois. Pour être plus précis, un jeune bouc aux cornes naissantes, l'œil vif, le sourire en coin.

Mes parents m'avaient acheté une chèvre pour mes sept ans. Elle s'appelait Rosette. Très distinguée, avec une barbiche blanche et une belle robe marron foncé aux reflets grenat. Une croisée d'Alpine, à en juger par ses poils longs. Elle était pleine et, quelques semaines plus tard, mit au monde deux chevreaux, Camille et Perdican.

Quel est l'animal le plus gracieux de la création ? Je n'ai pas d'hésitation : le chevreuil. Perdican en avait la souplesse, l'agilité et le port altier, j'allais dire le complexe de supériorité.

Beau comme un dieu, il avait la toison beige, avec une raie noie sur le dos, la queue blanche, et le museau conquérant.

Il n'avait peur de rien, pas même des orages qui font trembler ou hurler les chiens à la mort. Le monde entier lui appartenait. Il prit rapidement l'ascendant sur sa mère et sa sœur. Un malin. Avec ça, acrobate et blagueur. Du genre cabot, il se cabrait à la demande, comme une bête de cirque.

Nous habitions une maison au bord de la Seine, quai d'Orival, à Saint-Aubin-lès-Elbeuf, en Normandie, et les bêtes passaient la journée en liberté, sous son autorité, au milieu des ronces qui ne savaient plus où donner de la tête, le long du fleuve qui se hâtait lentement. Les chèvres s'enfonçaient dans les collines de broussailles. Elles grimpaient dans les arbres. Elles étaient au paradis. À la montée du soir, quand elles rentraient, épuisées, se coucher dans leur cabane, il me semblait qu'elles poussaient des soupirs de bonheur.

Perdican devint mon meilleur ami. La plupart du temps, quand je rentrais de l'école, il laissait les femelles entre elles et me suivait au bras de Seine où j'allais pêcher le gardon ou le goujon jusqu'au dîner. Il broutait les herbes ou se pelotonnait à mes pieds comme un chat.

S'il ne pleuvait pas, je restais dehors le plus tard possible pour réduire le risque de croiser le regard de mon père. J'arrivais souvent à la maison quand la table était débarrassée et filais dans ma chambre après avoir avalé en vitesse les restes que ma mère avait gardés pour moi. Quand j'avais attrapé un poisson, je le cuisais à la poêle avec de l'ail et du persil.

Partager un repas avec mon père était un supplice. Je ruminais, je suffoquais. Rien que d'être en sa présence, mon cœur était à l'agonie, dans sa petite cage de côtes. Il se cognait tant contre les parois qu'il devenait une chose douloureuse, tremblante et saignante, une limace écrasée.

C'était l'époque où papa battait régulièrement maman, le soir après le dîner ou, parfois, en pleine nuit. Le matin, elle arrivait souvent à la table du petit déjeuner avec, aux jambes, des blessures qu'elle dissimulait dans la journée sous d'élégants pantalons. Je ne comprenais pas pourquoi mon père la dérouillait comme ça et me sentais coupable de ne pouvoir la défendre. J'avais besoin de me confier à quelqu'un.

Sans Perdican, je crois bien que je serais devenu fou. Il fut pendant des mois mon psy et mon confident. Il buvait ma haine et passait au crible avec moi tous les plans foireux que je fomentais contre mon père. Il fallait tuer papa avant qu'il tue maman mais je ne savais trop comment m'y prendre. J'avais d'abord envisagé de l'assassiner pendant son sommeil avant de m'enfuir à l'étranger avec mes sœurs et ma mère que je prévoyais d'épouser dès que j'aurais atteint ma majorité.

Mais l'entreprise était périlleuse : mon père était d'une force herculéenne, avec des muscles puissants qui gigotaient sous sa peau comme des serpents d'acier. Un ancien GI couvert de décorations après le débarquement du 6 juin 1944. Un héros de la guerre.

Si jamais il ouvrait les yeux au moment précis où j'allais percer sa poitrine avec un couteau de cuisine, il se jetterait sur moi et je n'en réchapperais pas. Sans doute eût-il été plus judicieux de l'empoisonner. Mais, en ce cas, ne risquais-je pas de tuer ma mère et mes sœurs en même temps ?

J'avais bien songé à mettre de la mort-au-rat dans ses bouteilles de vin ou de whisky que je tenais pour responsables, au moins en partie, des raclées qu'il donnait à ma mère. Mais il aurait suffi que, pour une fois, maman prenne aussi un verre de rouge et c'eût été la catastrophe.

Je n'aurais pu supporter longtemps les crises de mon père sans les regards sur moi de ma mère ou de Perdican : tous deux me donnaient confiance en la vie, l'avenir, l'amour. Tous les soirs, je mourais en entendant les cris étouffés de maman sous les coups paternels et le lendemain, grâce à eux deux, je renaissais au monde.

Mon bouc m'écoutait dérouler mes malheurs avec cet air pénétrant et langoureux, pour ainsi dire amoureux, que prennent les caprins quand on leur parle. Je suis sûr qu'il compatissait. Surtout quand je pleurais. Il ne savait pas que mes larmes étaient de rage, non de chagrin.

Je mûrissais ma vengeance. J'ignorais laquelle, mais elle serait terrible, à la hauteur des colères de papa, qui dévastaient tout sur leur passage. La maison. Le corps ravissant de maman. Ma dignité et mon estime de moi.

Ses colères commençaient toujours mezza voce par un murmure de récriminations, comme un vent mauvais avant l'orage. Tout les attisait, les réponses comme les silences de ma mère, et elles enflaient crescendo jusqu'au final paroxystique, avec des bruits de coups, de vaisselle cassée ou de meubles renversés.

Au fil des mois, le bouc se réveilla en Perdican et deux grosses burnes lui poussèrent entre les pattes arrière. Son caractère se modifia. Il devint moins coulant, plus querelleur. Il laissait les voisins tranquilles mais, malgré mes objurgations, prit bientôt l'habitude de charger les intrus qui pénétraient dans son territoire. Les chiens errants, passe encore. Mais quand il s'attaqua régulièrement au facteur ou aux promeneurs du dimanche, surtout quand ils étaient accompagnés de leur toutou, il y eut des plaintes et il fallut l'attacher avec une chaîne à un piquet.

Furax, Perdican ne supportait pas cette atteinte scandaleuse à sa liberté individuelle et tournait en rond en bêlant de rage du matin au soir. Souvent, il tirait si fort sur sa chaîne qu'on aurait dit qu'il allait s'étouffer. Cela ne pouvait durer plus longtemps. Un soir, il y eut un conseil de famille entre mon père, ma mère et moi, pour statuer sur son sort.

Assurant que sa patience était à bout, ma mère décréta qu'il fallait le donner sans attendre. À un voisin ou à qui en voudrait. Ayant toujours veillé à ne jamais contredire maman, à mes yeux sainte et martyre, je finis par accepter cette solution à condition que je puisse aller voir mon bouc de temps en temps. C'est alors que papa jeta un froid :

« Tu n'y penses pas ! Si on en fait cadeau à quelqu'un, il n'y a aucune chance qu'il le garde. Aucune. Il s'empressera de le zigouiller pour le bouffer. »

Papa adorait les animaux, qu'ils fussent à poils ou à plumes. C'est quelque chose qu'il m'a laissé en héritage, tout comme l'amour de l'Italie, de la littérature ou de l'histoire des civilisations. Certes, son animalophilie ne lui interdisait pas de se remplir la panse de rôtis, biftecks ou saucisses. Mais la haine que je lui vouais ne m'empêchait pas de lui faire confiance sur ce point : il ne voulait que du bien à Perdican.

Après nous avoir traités d'hypocrites, papa nous demanda d'avoir le courage de nos opinions : au lieu de nous débarrasser de Perdican auprès du premier venu qui le vendrait au boucher du coin ou qui l'égorgerait n'importe comment dans sa buanderie, mieux valait, au nom du bien-être animal, s'assurer les services d'un professionnel qui le tuerait sur place en lui évitant l'abomination de l'abattoir.

Les regards de mes parents étaient fixés sur moi et je me sentais comme Ponce Pilate, ce symbole de la lâcheté humaine, que le catéchisme m'avait rendu familier. Perdican était le fruit des entrailles de Rosette, ma propriété : c'était donc à moi de décider. Contraint et forcé, je votai la mort.

Jusqu'au sacrifice, je passais, au retour de l'école, de longues heures en compagnie de Perdican et lui donnais tout ce dont il raffolait. Du blé, des carottes, du pain sec. Il avait droit tous les soirs au menu du condamné à mort et, bombance faite, me remerciait en me faisant des câlins qui me serraient le cœur. J'avais le sentiment de trahir ma première grande amitié.

Quand le boucher est venu, je me souviens qu'il faisait nuit. Figé dans mon lit comme un gisant, j'étais dans cet état d'attention extrême où l'on entend les millions de bruits minuscules dont est fait le silence. Tout me semblait sépulcral, même l'air que je respirais. Comme chaque fois qu'un malheur allait arriver, je priais pour que le temps s'arrête.

Il y eut un bêlement très bref, comme un petit cri de panique, à peine ébauché, déjà terminé, et puis plus rien. Le lendemain matin, quand je descendis avec mes deux sœurs à la cuisine pour le petit déjeuner, papa, qui avait assisté à l'exécution, me dit que tout s'était bien passé. Après le coup de hache du boucher sur la nuque, Perdican s'était écroulé sur-le-champ. Il ne s'était rendu compte de rien. Du beau travail.

Quand j'ouvris le réfrigérateur, il était plein de morceaux de viande : la moitié de la carcasse débitée de mon jeune bouc, le reste étant allé au boucher. Je refermai la porte avec horreur et protestai auprès de ma mère. Après avoir fait abattre Perdican, je n'allais pas, en plus, devoir le manger. C'était la double peine.

J'étais trop malheureux pour pleurer mais je suis sûr que j'avais la gorge serrée quand j'ai dit à ma mère quelque chose du genre :

« Maman, tu peux tout me demander, mais pas de bouffer mon meilleur ami. »

Le soir, la viande avait disparu du réfrigérateur. Je ne sais pas si maman l'avait donnée aux voisins ou enterrée dans le jardin. Je ne le lui ai jamais demandé.

L'année suivante, Rosette a donné naissance à une chevrette à laquelle j'ai donné son nom. Après ça, elle n'est plus jamais allée au bouc. J'y ai veillé : je ne voulais pas d'une nouvelle affaire Perdican.

Camille et sa mère sont mortes longtemps après de leur belle mort, tout comme ma deuxième Rosette qui aimait tant la vie qu'elle s'est éteinte à l'âge de seize ans passés, un record de longévité pour une chèvre.

Le palmarès de l'intelligence

C'est Perdican qui m'a ouvert les yeux sur le monde animal. Feu mon meilleur ami m'avait tout appris. L'amitié, la confiance, l'empathie, l'intelligence des bêtes. Il était comme un frère. Sauf que j'étais censé le manger un jour.

À travers le cas de Perdican, j'ai mesuré l'arbitraire que fait régner l'espèce humaine qui se donne le droit de vie ou de mort sur les autres espèces de cette planète et décrète, au gré de ses humeurs, que telle bête se mange et telle autre, non.

Si Perdican avait été un chien, sa carcasse ne se serait jamais retrouvée dans des plats en Pyrex, sur plusieurs étagères du réfrigérateur familial. Il aurait été euthanasié par un vétérinaire avant de finir sous une tombe au fond du jardin.

Encore eût-il fallu qu'il fût un chien d'Occident. Dans notre hémisphère, cet animal est, comme le chat, protégé, voire chouchouté. Les actes de cruauté contre ces deux espèces sont de plus en plus sévèrement réprimés : quatre mois de prison pour l'Anglaise passablement dérangée qui avait mis son chat au four à micro-ondes après qu'il eut mangé son poisson rouge ; un an de prison pour « Farid la Morlette », le Marseillais débile qui avait posté des vidéos où il jetait son petit chat blanc, Oscar, le plus loin et le plus haut possible.

Vérité en deçà de la mer de Chine, mensonges au-delà. En Asie, les chiens et les chats subissent les mêmes violences que les herbivores chez nous. Si Perdican avait été un chien de l'autre côté de la terre, il aurait pu, après avoir été ébouillanté vif, finir dans une casserole avec du chou, des poireaux et des piments. La Chine est régulièrement pointée du doigt pour sa cynophagie, autrement dit la consommation de chien, tout comme la Corée, le Vietnam, le Laos, plusieurs pays africains et, il n'y a pas si longtemps, la Suisse.

Mais pourquoi ne pas rappeler qu'en France il y avait encore des boucheries canines au début du XXe siècle ? Ou qu'en Allemagne la dernière a fermé en 1940 ? Les mentalités changent, les interdits aussi. Avec les animaux, l'humanité est sans cesse confrontée à ses contradictions. Elle n'est pas capable de fixer une ligne claire sur tous les continents.

L'homme occidental, animal qui n'ose pas dire son nom, s'est installé au sommet de la pyramide du vivant avec le chien et le chat sous prétexte qu'il était, comme eux, carnivore, alors qu'il a l'appareil digestif d'un frugivore comme les singes et les perroquets, même s'il a fini par tourner omnivore comme les porcs et les rats.

De la bouche à l'anus, l'appareil digestif des animaux humains est, comme chez les frugivores, beaucoup plus long que la taille du corps (une dizaine de fois), loin devant les carnivores (trois fois) ou les omnivores (cinq fois). De Georges Cuvier à Charles Darwin en passant par les naturalistes contemporains, tout le monde est d'accord là-dessus : à en juger par nos canines émoussées, nos molaires aplaties ou les enzymes digestives de notre salive, notre alimentation devrait être seulement végétale. Ce n'est plus le cas depuis longtemps.

Pourquoi les frugivores que nous sommes mangent-ils des herbivores ici et des carnivores là ? Si c'est leur place dans l'échelle de l'évolution qui détermine notre droit de consommer ou pas les animaux, nous allons au-devant d'affreux casse-tête. Dans *Le Livre des listes*[1], Edward O. Wilson, grand biologiste et entomologiste américain, spécialiste réputé de l'évolution et du comportement des bêtes, a établi une année un palmarès de l'intelligence des animaux.

Wilson a mesuré leur intelligence à l'aune de leur rapidité et de l'étendue de leurs capacités d'apprentissage, en mettant à profit toutes les recherches à sa disposition. Il a aussi utilisé un indice d'« encéphalisation » qui met en relation la taille du cerveau et celle du corps. En scientifique averti, il a néanmoins mis ses lecteurs en garde contre les aléas de sa méthode qui a donné le classement suivant :

1. Le chimpanzé (deux espèces concernées)
2. Le gorille
3. L'orang-outan
4. Le babouin (sept espèces parmi lesquelles les drills et mandrills)
5. Le gibbon (sept espèces)

1. D'Irving Wallace et David Wallechinsky, de *The People's Almanac*, Doubleday, First Edition, 1975.

6. Le singe (beaucoup d'espèces, notamment les macaques, les Célèbes ou les patas)
7. La baleine à dents (plusieurs espèces, notamment la baleine tueuse)
8. Le dauphin (beaucoup des quatre-vingts espèces connues)
9. L'éléphant (deux espèces)
10. Le cochon.

Rien ne sert de s'échiner à démontrer l'intelligence des singes, des baleines, des dauphins ou des éléphants. Personne ne la leur conteste plus, la cause est entendue, ce qui n'était pas le cas au XXe siècle.

Si certains peuples peuvent encore manger plusieurs de ces animaux, ils font l'objet d'une réprobation générale sur la planète. Ce sont des habitudes alimentaires qui, de toute évidence, sont appelées à disparaître tôt ou tard.

Reste le cas du porc, le dernier de ce top dix de l'intelligence. Pourquoi est-il si affreusement maltraité dans des élevages dont les conditions ne peuvent provoquer que la colère et le dégoût, mais qui, pourtant, ne coupent pas l'appétit des amateurs de charcuterie ?

Son intelligence ne le protège pas. Si le cochon est l'un des animaux les plus vifs de la planète, le secret est bien gardé. La chose est au demeurant invérifiable : la bête est devenue invisible. Elle passe sa vie incognito, derrière des murs de béton. Un ramas de chairs flasques dans un box d'engraissage puis d'abattage.

Certes, dans quelques fermes au fond de nos campagnes, il y a encore, ici ou là, un cochon qui fait figure d'animal domestique au même titre que le chien. Comme celui-ci, il partage les restes, c'est un membre de la famille. À un détail près : son destin à lui est de se transformer, un jour, en boudins, jarrets et rillettes.

Pourquoi, en dehors de quelques fermes isolées, cache-t-on ce porc qu'on ne saurait voir ? Sans doute parce que notre relation avec lui est profondément malsaine. D'ordre anthropophagique. Il est comme un double que l'on finit par dévorer.

L'écrivain Julien Green m'avait fait observer un jour que les cochons ont curieusement la même couleur de peau que ceux qui, après les avoir nourris, vont les manger. Rose en Occident, noir en Afrique…

Proche de l'homme avec 95 % d'ADN en commun, le cochon est un animal sociable et créatif, qui n'en fait qu'à sa tête. C'est aussi un grand émotif auquel un stress important peut causer un arrêt cardiaque. Sa chair est, de surcroît, semblable à la nôtre : nous greffons déjà ses valves cardiaques sur nos malades et nous songeons même à l'utiliser, un jour, comme donneur d'organes. Sans parler de ceux qui envisagent d'utiliser la truie comme mère porteuse pour des embryons humains.

Qu'est-ce qui nous amène à manger celui qui, tout long de l'histoire de notre espèce, fut avec le chien notre meilleur copain ? La culture. Si, partout en Occident, nous mangeons des côtes de porc et non de chien, il faut en chercher la raison dans la mythologie. Dans notre Vieux Monde, de l'Antiquité au XXIe siècle en passant par le Moyen Âge, le cochon a toujours eu une place de choix dans les cérémonies rituelles, d'abord strictement religieuses puis païennes, comme la « tue-cochon » (le sacrifice) ou la « Saint-Cochon » (les agapes).

Chez les Celtes qui raffolaient de sa viande, il était établi que le cochon circulait entre les deux mondes, celui-ci et l'au-delà. Chez les Germains ou les Italiques, il incarnait la fécondité, ce qui lui valait, dans la Rome antique, de monter plus qu'à son tour sur l'autel sacrificiel, avec le bœuf et le mouton.

La chair du chien, animal beaucoup moins immolé en l'honneur des dieux anciens, était du coup moins prisée dans l'Antiquité. C'est ce qui lui a permis de ne pas se retrouver, une vingtaine de siècles plus tard, sur l'étal des bouchers ou des grandes surfaces.

Très apprécié pour sa viande, le porc a de tout temps été condamné au couteau : pour lui, les sacrifices ont continué, mais dans les abattoirs et non plus dans les temples. Que le porc soit plus malin que le chien, cela ne fait pourtant guère de doute. Mais l'intelligence n'est pas le critère qui permet de savoir si la bête est, ou non, de boucherie. Sinon la charcuterie ne ferait pas recette.

Des chercheurs de l'université de Cambridge ont révélé que le cochon était l'un des rares animaux, avec le grand singe, le dauphin et l'éléphant notamment, à avoir conscience de sa propre existence : il reconnaît son image dans un miroir. Une autre étude de l'université de Pennsylvanie a montré qu'avec une manette dans la gueule il se familiarisait bien plus vite à un jeu vidéo qu'un chien ou un chimpanzé.

Dans une autre expérience, après que les chercheurs lui eurent donné un joystick permettant de déplacer un point sur un écran, le cochon devait arriver à un repère donné avant d'obtenir sa récompense. L'animal a tout de suite compris le système, là encore bien plus vite que le chien.

Contrairement à la légende, le cochon n'est même pas d'une nature sale. S'il aime se rouler dans les souilles de boue, c'est, comme son frère le sanglier, pour se débarrasser de la vermine qui colonise sa peau. Mais, dans son box, il a tendance à placer l'endroit où il se soulage le plus loin possible de celui où il mange. C'est nous qui, en limitant son espace de vie, l'obligeons à dormir dans ses crottes.

Même s'il faut se méfier de ce genre de comparaison qui n'est pas nécessairement raison, les scientifiques disent souvent que le cochon a une intelligence équivalente à celle d'un enfant de trois ans. Faut-il manger les enfants de trois ans ?

Cette question est au cœur de notre rapport aux bêtes. À l'âge de dix-huit ans, j'étais un végétarien à géométrie variable qui ne crachait pas sur un gigot mais refusait de manger de la chèvre ou du cochon sous prétexte qu'ils étaient les animaux les plus intelligents de la ferme. Cela faisait beaucoup ricaner les miens sur le thème : « Comment peut-on décider de manger telle ou telle bête en fonction de son QI ? »

Quelques décennies plus tard, je suis resté sur la même ligne : par exemple, je ne mange jamais de thon, animal sophistiqué dont la chair ressemble à la nôtre, mais je ne résiste pas devant des sardines qui, pour ce que j'en sais, ne sont pas très futées. Après tout, nous ne sommes pas égaux ici-bas ou, si nous le sommes, certains le sont plus que d'autres : la vie d'une blatte ne vaut pas celle d'une araignée qui ne vaut pas celle d'une souris qui ne vaut pas celle d'un perroquet qui ne vaut pas celle d'un dauphin qui ne vaut pas celle d'un homme, encore que je me demande s'il ne faut pas mettre l'araignée au-dessus de la souris.

L’araignée du Prophète

Les araignées ont-elles une âme ? Depuis ma petite enfance, je n’en ai jamais douté. Peut-être parce qu’elles paraissent toujours méditer. Ce sont à coup sûr les insectes les plus cérébraux.

Dans ma vieille maison provençale de Mérindol, au-dessus de la vallée de la Durance, il y a une araignée dans chaque pièce. Des tégénaires géantes. Interdiction de les tuer ou de les chasser. Ce sont mes copines. Elles font le guet.

À l’affût au coin des portes ou sur la première marche de l’escalier quand il y en a un, elles assurent la surveillance de toute la maison et, depuis le temps que nous nous fréquentons, savent qu’elles n’ont rien à craindre de moi.

Quand je m'approche, elles ne s'enfuient pas. Même si je suis trop bigleux pour vérifier qu'elles me regardent bien dans les yeux, j'en suis convaincu, je les sens pointés sur moi. Je leur parle. Elles ne me répondent pas, mais je sais qu'elles n'en pensent pas moins. Elles auraient en tout cas beaucoup à dire : il se passe tant de choses dans cette maison.

Une fois, une mygale avait élu domicile dans le salon que contrôlait depuis plusieurs mois une tégénaire géante, sur sa marche perchée. La cohabitation ne dura pas. La mygale prit bientôt la place de mon araignée, ne laissant de sa carcasse sucée que des reliefs desséchés. Scandalisé, j'ouvris la porte et lui intimai l'ordre de sortir, ce qu'elle fit en moins de temps qu'il ne faut pour le dire.

Une autre fois, je découvris dans le même salon une scolopendre à l'agonie. Le dragon noir aux vingt-deux pattes jaunes gigotait, sur le côté, à quelques centimètres de l'araignée qui, en la contemplant, semblait savourer son forfait.

J'achevais la bête immonde en lui écrasant la tête. Il fallut m'y reprendre à deux fois : elle bouclait et débouclait son grand corps noir en agitant ses crochets venimeux. Après quoi j'adressai un coup de chapeau mental à ma tégénaire. Je ne voyais pas qui, en dehors d'elle, avait pu tuer la scolopendre, terreur des fourmis, des cafards, des souris, des lézards et… des araignées. La mienne avait-elle mis son ennemie dans cet état en une seule morsure ? Pourtant le dragon des garrigues est réputé increvable.

En 2013, sur une île du lac Prespa, en Macédoine, des chercheurs de Belgrade ont découvert une vipère cornue morte après avoir avalé une scolopendre qui l'avait dévorée de l'intérieur pour en ressortir : sa tête perçait l'abdomen du serpent, mais elle n'avait finalement pas survécu au venin de celui-ci.

Sur mon carrelage, le cadavre de la scolopendre était appétissant comme une chenille bien dodue. Mais mon araignée ne daigna pas y toucher. C'est un gros blaps des caves, bel insecte, dit « funèbre », qui s'en est finalement repu une journée entière, à moins d'un pas de ma tégénaire géante, toujours patiente, qui le laissait bien profiter, comme le paysan observant, l'eau à la bouche, son cochon s'engraisser.

Allait-elle le manger à son tour ? C'est ce que j'ai subodoré, n'ayant plus jamais revu le blaps. À moins qu'elle ait écarté ce charognard de son menu comme elle l'a fait pour les scolopendres, alors qu'elle semble raffoler des iules, mille-pattes qui appartiennent pourtant à la même famille. Des détrituvores, amateurs de vieilles feuilles. Quand elle en a neutralisé un, elle ne s'en sépare plus pendant plusieurs jours : c'est comme un doudou ou un porte-bonheur.

Depuis, deux autres scolopendres ont encore été trouvées dans mon salon, mortes cette fois. Je ne pouvais plus douter que ma tégénaire géante les avait tuées. Une virtuose du crime qui mord là où ça fait mal, plus vite que son ombre. Grâce à sa rapidité d'action, je sais que ma maison est bien gardée. Les scorpions n'ont qu'à bien se tenir.

J'ai toujours eu des amies araignées. Quand j'étais jeune, j'en abritais plusieurs dans ma chambre et il était hors de question de toucher à leurs toiles. Mais je n'aimais par leur façon de tuer, si lente qu'elle en devient sadique. Chaque fois que je le pouvais, j'abrégeais, en leur écrasant la tête, le supplice des mouches qui se laissaient prendre dans les fils de soie.

Ma première voiture, une 2 CV jaune, était pareillement peuplée d'araignées que je nourrissais de mouches mortes. Je me souviens du cri horrifié, suivi d'une crise d'hystérie, d'une nouvelle petite amie quand elle aperçut à ses pieds une tégénaire géante. « Eh bien, ça sera elle ou moi ! » hurla-t-elle après que je lui eus expliqué que jamais je ne mettrais la main, pardon, le pied sur une bestiole de cette espèce. Nous ne nous sommes plus revus, la jeune fille et moi. Elle n'avait pas résisté au test de l'araignée, comme je disais alors.

Il y a quelque chose religieux, voire de mystique, dans cet animal pensif sinon pensant. Souvent associée à la création du monde en Afrique, elle est bien considérée par les trois monothéismes. Dans la sourate de l'araignée, le Coran évoque la précarité de son habitat de soie :

« Ceux qui ont pris les protecteurs en dehors d'Allah ressemblent à l'araignée qui s'est donné maison. Or la maison la plus fragile est celle de l'araignée. Si seulement ils savaient ! »

Les musulmans ont un faible pour elle. Une légende, mise en poème par François Coppée, l'écrivain des humbles et des faubouriens, raconte qu'une araignée « au ventre froid et gras[1] » sauva la vie de Mahomet.

Elle croisa le chemin du Prophète une première fois, alors qu'il n'était encore que cha-

1. « L'araignée du Prophète » dans le recueil *Récits épiques*.

melier et que ses bêtes, écrasées par la chaleur, faisaient une pause. Parti piquer un roupillon dans la fraîcheur d'une grotte, il allait s'endormir quand une araignée descendit de son fil et se posa sur son bras. Il se leva d'un bond, prêt à la tuer, avant de se raviser. Bien lui en prit.

Quelque temps plus tard, alors que ses ennemis de La Mecque s'étaient lancés à ses trousses pour l'égorger, le Prophète se cacha dans cette même grotte. Quand les tueurs arrivèrent devant, l'entrée était obstruée par un nid de colombes et, surtout, une grande toile tissée par l'araignée qu'il avait épargnée : sûrs qu'il n'y avait personne à l'intérieur, ils décidèrent de rebrousser chemin.

Il y a dans la tradition juive une histoire semblable qui serait arrivée au roi David, réfugié dans une grotte pour échapper à la fureur de Saul. À un détail près : la toile d'araignée qui le sauva avait la forme d'une étoile. Les chrétiens ne sont pas en reste : c'est le même stratagème arachnéen qui aurait assuré le salut de la Vierge Marie et du petit Jésus lors de la fuite en Égypte. Les massacreurs d'innocents avaient été pareillement leurrés par les fils de soie qui obstruaient l'entrée de leur refuge. Chacun son araignée : qu'elle soit juive, chrétienne ou musulmane, elle nous protège toujours.

Elle protège même les charcutiers qui, avant la vague des réglementations hygiénistes et scélérates, avaient le droit de l'utiliser pour assurer la garde de leurs chambres à saucissons : l'araignée se régale des acariens qui, proliférant dessus, risquent de faire péter la peau.

La cigale, sainte et martyre

Après avoir célébré l'araignée, je culpabiliserais si je ne chantais pas la cigale, insecte martyrisé, qui ne connaît pourtant pas la plainte, au point d'être devenu une incarnation vivante de la joie de vivre.

Chaque année, dans mon jardin de Mérindol, les cigales donnent le même jour les premiers coups de cymbales de leur grand concert saisonnier. En 2013, je me souviens que c'était même tombé au solstice d'été, le 21 juin, dans la matinée.

Que serait la Provence sans les cigales ? Une morne terre piochée par le soleil, mordue par le froid ou écrabouillée par les orages, au gré des mois de l'année. J'exagère un peu, mais il lui manquerait en tout cas la fête, l'hymne à la joie, les appels à la luxure et à la concupiscence des insectes les plus débridés du monde animal.

Cette espèce est en elle-même une métaphore de la résilience, concept développé par Boris Cyrulnik, notre grand psychologue national, dont toute l'œuvre nous invite à nous reconstruire après avoir été victime d'un traumatisme. Petit orphelin juif pourchassé par les nazis pendant l'Occupation, Cyrulnik symbolise bien l'état d'esprit des cigales, résumé par le titre de sa bouleversante autobiographie, *Sauve-toi, la vie t'appelle*.

S'il fallait trouver une devise pour la cigale, ce serait sans doute la célèbre phrase de Nietzsche, reprise d'Alexandre le Grand : « Ce qui ne nous tue pas nous renforce. » C'est le calvaire de son existence qui rend cette bestiole sinon increvable, du moins euphorique. Ce sont ses malheurs passés ou à venir qui lui inspirent les magnifiques crescendo qui montent dans les cieux estivaux.

C'est Jean Henri Fabre (1823-1915) qui a le mieux parlé de la cigale. Je sais que c'est un nom qui dérange mais c'est l'une des grandes figures de l'entomologie. Victime d'une cabale débile en France depuis la fin du XIXe siècle, le Virgile provençal des insectes est néanmoins reconnu dans le reste du monde, notamment en Asie, en Russie ou aux États-Unis. En un temps où beaucoup de ses contemporains l'étaient, il a eu le malheur d'être créationniste, ce qui n'est pas, on l'admet, un signe de grande lucidité.

Mathématicien, naturaliste, botaniste, éthologue et poète, Jean Henri Fabre était cependant en correspondance avec Charles Darwin qui, dans *L'Origine des espèces*, le qualifie d'« incomparable observateur ». Le Provençal a lui-même écrit qu'il éprouvait une « profonde vénération » pour la « noblesse de caractère » de son collègue britannique. Autant dire qu'il n'y a aucune raison de bouder ce sommet de la littérature que sont ses *Souvenirs entomologiques* dont n'ont jamais été sérieusement contestées les observations scientifiques sur les insectes.

L'un des morceaux de bravoure de ce classique monumental est le chapitre consacré à la cigale. On dirait un conte édifiant du Moyen Âge. Avant de sortir à l'air libre avec les premières grandes chaleurs, la pauvre bête a vécu, à l'état de larve, plusieurs années sous terre. Comment a-t-elle fait pour se mouvoir dans le sous-sol aride de la Provence ? Pourquoi ressemble-t-elle, quand elle en sort, à « un égoutier qui vient de remuer la vase » ?

S'abreuvant avec son suçoir de la sève des racines et des radicelles, la répugnante larve est pleine de liquide à s'en faire crever le bedon. « Cette fontaine d'urine, voilà le mot de l'énigme, note Jean Henri Fabre. À mesure qu'elle avance et qu'elle fouille, la larve arrose les matériaux poudreux et les convertit en pâte, aussitôt appliquée contre les parois par la pression de l'abdomen. » Sa galerie est ainsi faite de « surfaces badigeonnées, crépies avec une bouillie de terre argileuse ».

La galerie de la larve descend, plus ou moins à la verticale, à quelques décimètres de la surface du sol pour se terminer par un cul-de-sac, son refuge. Une sorte de couloir qu'elle grimpe pour s'enquérir du temps dehors, quand elle ne le descend pas pour se protéger des intempéries, à l'autre bout, dans sa chambrette. Jusqu'à ce qu'un jour elle décide de repartir de zéro, pour ce qui devrait s'apparenter à une libération. Mais c'est alors que les ennuis commencent.

Ce n'est pas une vie. Pendant des années, l'animal a pataugé dans le noir et dans sa pisse en grattant la terre, à la recherche de jus d'arbre, et quand enfin il vient au monde et devrait pouvoir profiter de l'existence, c'est pour devenir le casse-croûte de toutes les créatures de Provence.

À peine sortie de son trou, la larve se précipite sur la première brindille venue et s'y accroche pour une métamorphose qui sera très rapide. Il y a intérêt. Quand elle sortira de sa dépouille de nymphe, toute verte, avec quatre ailes molles et humides, la cigale sera pendant quelques heures une proie sans défense pour les fourmis, les guêpes, les sauterelles, les araignées, les pies ou les geais.

Si elle n'est pas dévorée vivante pendant sa transformation, elle s'envolera puis se posera sur l'écorce d'un arbre, son nouveau domicile. Elle plantera son rostre dedans pour étancher sa soif de sève et, s'il s'agit d'un mâle, entamera à coups de cymbales (entre 300 et 900 par secondes) son chant nuptial pour attirer la femelle. Il y a quelque chose de fébrile en elle : il faut faire vite. Après ses tristes années souterraines, elle a peu de temps pour épuiser au soleil les joies de l'amour. À peine quelques semaines.

Chez elle, l'acte sexuel dure, comme chez beaucoup d'humains, entre dix minutes et un quart d'heure. Les deux amoureux copulent souvent côté à côte grâce à l'engin du mâle, qui peut tourner à 180 degrés. La femelle pondra ensuite sur des tiges ou sous des feuilles ses centaines d'œufs qui, devenus larves, tomberont sur le sol dans lequel elles s'enterreront vivantes pour recommencer le cycle.

Au moment où, après avoir tant enduré, elle peut en jouir, sa vie ne tient toujours qu'à un fil. La mort rôde sous toutes ses formes, à poils, à plumes, à dard : la cigale est devenue l'objet de la persécution incessante de tous ses prédateurs, le moindre n'étant pas la guêpe solitaire qui tournicote autour des troncs, à l'affût d'un butin de chair fraîche à emporter dans son terrier.

Je hais la guêpe solitaire : avant de refermer l'entrée de son repaire, elle pond son œuf sur l'abdomen dodu de sa victime qui, paralysée par le venin de son dard, sera ensuite grignotée vivante par sa progéniture. Je la hais parce qu'elle gagne toujours.

La cigale n'a aucun moyen de résister, hormis la fuite doublée du jet d'urine qu'elle envoie en direction de l'assaillant, et qui ne l'impressionne pas vraiment. C'est pourquoi elle est de nature si craintive et cesse de chanter sitôt qu'on s'approche d'elle.

Dans mon jardin, je joue volontiers les justiciers du dimanche. Je sais que c'est idiot, mais je ne peux pas m'empêcher. Chaque fois que j'ai tenté de séparer une guêpe et une cigale, cette dernière était déjà HS, de la chair prête à manger. Tel est son destin, celui de la victime éternelle mais heureuse, qui, du jour où elle est sortie de terre, semble répondre à la superbe exhortation de Sénèque : « Hâte-toi de bien vivre et songe que chaque jour est à lui seul une vie. »

La nostalgie du jardin d'Éden

Qu'y a-t-il de commun entre une cigale, un éléphant et nous ? Sophocle disait que l'homme s'était « tout enseigné seul » et Pic de La Mirandole, mieux encore, qu'il pouvait « se façonner lui-même ». En somme, s'inventer.

À propos de la différence entre l'homme et l'animal, j'aime la définition, même si elle est largement fausse, du philosophe allemand Fichte dans les *Fondements du droit naturel*, un livre paru en 1796 : « Tous les animaux sont achevés et parfaits, l'homme est seulement indiqué, esquissé. Tout animal est ce qu'il est ; l'homme seul originairement n'est rien. »

« La nature a achevé toutes ses œuvres, écrit encore Fichte, mais elle a abandonné l'homme et l'a remis à lui-même. » L'erreur funeste de celui-ci, selon Jean-Jacques Rousseau, est de vouloir sortir de cette nature, ce qui l'éloigne d'une « condition originaire dans laquelle il coulerait des jours tranquilles et innocents ». C'est ainsi qu'il devient « le tyran de lui-même et de la nature ».

Tout était-il perdu d'avance entre les animaux et nous qui, au commencement, étions pourtant si proches les uns des autres ? Les choses devaient-elles forcément mal se passer ? Si nous avons tous en nous la nostalgie du Paradis perdu, on peut se demander si elle n'a pas ses racines dans les civilisations « naturelles », celles de nos débuts sur terre, avant que ne vienne rouler sur le monde la grande meule du progrès, de la cupidité et de l'industrialisation, qui a tout écrabouillé sur son passage.

Le rousseauisme, religion du jardin d'Éden, prétend que nous étions tous bons à l'état sauvage. Comme les animaux en sont moins éloignés que nous, on ne voit pas bien comment on pourrait ne pas s'entendre avec eux. « Voilà mon meilleur ami », disait Jean-Jacques Rousseau à propos de son chien Duc, dont il avait transformé le nom en Turc afin de ne pas froisser les nobles qu'il fréquentait au château de Montmorency. Des amis de cette sorte, ajoute-t-il, « j'en ai cherché parmi les hommes, je n'en ai presque point trouvé ».

Géographe, communard, anarchiste et libertaire, Élisée Reclus est le Pic de La Mirandole des temps modernes : il sait tout sur tout. De son vrai nom Jean Jacques Élisée Reclus – cela ne s'invente pas –, il partage la même vision rousseauiste du monde, qu'on aura tôt fait de qualifier de cucul. Dans *L'Homme et la Terre*, ouvrage monumental, publié à partir de 1905, il assure que la domestication des animaux fut pour ainsi dire naturelle : « Vivant la même vie, les espèces se comprenaient mutuellement. »

Élisée Reclus enfile ensuite les images d'Épinal, racontant ainsi qu'en Afrique équatoriale, au poste de Carnot, à la fin du XIXe, les animaux de brousse formaient une petite république au service des humains, et que le grand singe jaune qui emmenait les moutons paître s'occupait si bien des bêtes qu'il allait jusqu'à les enfourcher pour les épouiller et retirer toutes les vermines.

Les rapports entre l'homme et l'animal sont fondés, d'après Élisée Reclus, sur « la sympathie, la bonté naturelle et communauté des intérêts ». L'échange en est souvent la clé. En Afrique méridionale, rapporte-t-il, les

Hottentots et les coucous sont associés dans la chasse au miel. Les seconds se chargent de repérer les ruches, les premiers les récupèrent et tous, ensuite, se partagent le butin.

De même, poursuit Élisée Reclus, l'hirondelle de mer guide le batelier lapon sur le Pallajervi et lui indique les bancs de poissons sur lesquels il jettera ses filets. Il va de soi qu'elle touchera sa part après, comme le cormoran avec lequel le pêcheur chinois a noué des relations ancestrales. Reclus s'extasie sur le traitement de leurs vaches par les Denka, bergers riverains du haut Nil, qui les déifient, les chouchoutent et ne consentent à manger que les bêtes malades ou blessés.

Élisée Reclus est aussi en ravissement devant l'attitude de certains peuples indiens d'Amérique du Sud qui entretiennent une sorte de ménagerie autour de leurs cabanes avec des tapirs, des pécaris, des chevreuils, des singes, des perroquets et même des jaguars. « Pourvu de tous ces animaux familiers, note Élisée Reclus, un Européen moderne en alimenterait à souhait sa cuisine, mais l'Indien respecte la vie des animaux élevés par lui : ils appartiennent à sa maisonnée, et s'ils rendent des services domestiques pour la garde et pour l'éveil, la violence n'y fut pour rien : c'est de la libre association qu'est née la communauté de vie. »

Dans la ferme que mes parents, bobos bio avant l'heure, avaient achetée sur le plateau du Roumois, en Normandie, il régnait cette sorte de convivialité, « à l'indienne », entre les bêtes et nous. Les canards, notamment, entraient souvent dans le cercle de famille et, l'été, s'invitaient aux repas quand nous les passions dehors. J'avais un faible pour le caneton de Rouen à la patte cassée, par moi élevé, qui, pour avoir une meilleure part, demandait à monter sur mes genoux quand j'étais à table. Il me suivait partout, la tête haute et fière. Je garde un souvenir ému du canard de Barbarie, un vrai pot de colle, qui ne lâchait pas mon père d'une semelle et qui, après s'être caressé en se trémoussant contre nos jambes, entreprenait de se masturber sur elles, comme un chien. Il jabotait beaucoup pour nous dire des choses que l'on ne comprenait pas.

Je détestais le sadisme des poulets qui, contrairement aux pintades, s'acharnent toujours à coups de bec sur les plus faibles, mais j'étais fasciné par les gros coqs blancs, des Sussex, qui se sont relayés pour protéger notre escadrille de poules pondeuses. Des braves. Ils se seraient fait tuer pour elles, les belettes et les fouines préféraient passer leur chemin. Ils chargeaient tout, même les chiens. Avec ça, très altruistes. Quand ils découvraient un lombric dans les herbes, ce n'était jamais pour eux. Ils appelaient aussitôt leurs femelles qui accouraient de partout.

Je nouais toujours des relations amicales avec les deux bœufs ou la vache et son veau qui entretenaient nos prés avec l'efficacité d'une tondeuse à gazon pour les transformer en pelouses façon Windsor, tirées à quatre épingles et constellées de pâquerettes étoilées. À la belle saison, quand montait le soir, ils aimaient bien jouer avec nous. Jusqu'au jour où ils finissaient par disparaître du paysage, souvent avant l'hiver. Tous, bovins ou volaille, ne faisaient que passer à toute vitesse sur cette terre pour atterrir dans les assiettes où était leur destin.

Certes, dans les fermes alentour, il y avait les tueries dominicales de poulets, les séances de castration à la chaîne ou les séparations déchirantes entre la vache et son petit veau qui s'appelaient des nuits entières. Mais nous étions quand même tous heureux ensemble, comme Adam et Ève au début de la Bible : c'était bien.

C'eût été encore mieux si le couteau n'était régulièrement venu interrompre notre belle histoire. Il était le maître de tout. De la vie, de la mort et du temps qui était toujours compté. Non sans naïveté, Élisée Reclus prédisait que les animaux domestiques profiteraient de notre compagnie, de la même façon que l'élève s'épanouit au contact de l'éducateur. Dans la foulée, il prophétisait qu'à notre contact l'évolution de l'intelligence animale nous réserverait des surprises. Il n'avait pas prévu les usines à cochons, poulets, vaches, dindes ou veaux où les bêtes sont élevées dans la merde et nourries avec de la merde pour se transformer à leur tour en merde rouge fraise sous plastique.

La dignité du veau dans son box d'engraissage

L'humanité passera un sale quart d'heure le jour du Jugement dernier, quand il lui faudra rendre des comptes sur ce qu'elle a fait, notamment depuis le XXe siècle, avec les animaux de bouche, surtout avec les veaux, les porcs et les poulets, grandes victimes des élevages intensifs.

Qui a pénétré dans ces usines à fabriquer du malheur au cul dodu ne peut que ressentir un sentiment de honte pour notre espèce. Les bêtes se vengeront-elles un jour de tout le mal qu'on a leur fait ? Nous rendront-elles coup pour coup pour les claustrations, castrations, maltraitances ou surpeuplements ? En ce cas, nous serions bien à plaindre.

Qu'on me comprenne bien : je ne suis pas un ennemi des paysans, bien au contraire, et je ne m'en prendrai pas aux élevages familiaux qui, faisant vivre les bêtes en plein air, sauvent l'honneur de l'agriculture française. Respect.

Après avoir passé mon enfance puis mes vacances à la campagne, je me suis fait pas mal d'amis éleveurs. Marcel, qui, les yeux rougis, demandait pardon à ses bêtes quand le camion venait les chercher pour les emmener à l'abattoir. Ou bien Maxime, le berger de Mérindol, pour qui ses moutons étaient ses enfants. Les surveillant comme le lait sur le feu, il les embrassait tout le temps de son regard aimant. Pour un peu, quand arrivait l'heure de se coucher, il leur aurait volontiers chanté une berceuse avant de les border dans leur lit de thym et d'herbes.

Il avait la phobie des bergers allemands qui prélevaient de temps en temps dans son cheptel des agneaux, à peine égorgés, déjà trépassés. « Des machines à tuer », disait-il. C'est pourquoi sa chienne beauceronne plantait préventivement ses crocs, jusqu'à ce que mort s'ensuive, dans le cou de tous ceux qui s'approchaient du troupeau.

Maxime était fier de son métier, mais éprouvait aussi une certaine honte : « Tout ce bonheur que je donne à mes bêtes, je n'aime pas l'idée qu'il finisse sous un couteau. J'ai l'impression de les trahir, mais, d'un autre côté, je ne sais rien faire d'autre, il faut bien que je gagne ma vie. »

C'était dans les années 1980. Maxime a rejoint depuis longtemps Élisée Reclus au paradis des poètes disparus. Même si leur profession est aujourd'hui décriée, les derniers éleveurs individuels que je fréquente prennent soin de leurs bêtes, souvent avec amour, mais force est de constater qu'ils sont de plus en plus souvent remplacés, dans nos campagnes, par des industriels chargés de produire de la « matière animale », lancés dans une course effrénée au rendement.

Dans les usines à viande, il faut maximiser et faire du chiffre. Les bêtes ont à peine le temps de vivre. Il suffit de 41 jours pour fabriquer un poulet, de l'éclosion au sacrifice. Le progrès aidant, le porc est maintenant prêt à manger en seulement 180 jours[1] et il y a sûrement encore de la marge. On demande de plus en plus aux animaux. En 1971, une truie produisait 16,7 porcelets par an. Aujourd'hui, 24,6 (31 pour les plus performantes). En augmentation constante, la production laitière

1. *180 jours*, titre d'un superbe roman d'Isabelle Sorente (Lattès, 2013).

brute par vache culmine à 8 415 kg par an[1] : en Normandie, la productivité par bête a ainsi augmenté de 35 % de 2000 à 2011. Observez leurs mamelles, de plus en plus protubérantes, qui retardent leur marche. Un jour, j'en suis sûr, elles les empêcheront d'avancer.

Comme l'a noté Jocelyne Porcher, une éleveuse devenue chercheuse, « l'animal est, de sa naissance à sa mort, considéré comme de la matière animale transformée *in fine* en produit de consommation ». Peu nous chaut qu'il s'ennuie comme un rat mort et n'ait pas assez d'espace pour bouger son derrière, pourvu que la chair soit à bon prix sur les étals de la grande distribution. L'animal est réduit à l'état de machine à produire de la viande, du lait ou des œufs. Son existence même lui est déniée et sa désincarnation atteint un tel degré que les industriels parlent de moins en moins de viande, mais par exemple de « minerai », pour désigner la « matière animale » qui, comme les objets inanimés, relève du « minéral ». Tout lui a été enlevé, la dignité, bien sûr, mais aussi son animalité même.

La quasi-totalité des porcs est ainsi élevée sur caillebotis afin que la pisse et les déféca-

1. Source : Institut de l'élevage.

tions passent entre les lattes. L'avantage pour l'éleveur : le travail de nettoyage du lisier est bien plus aisé qu'avec la paille d'antan qui réclame beaucoup de main-d'œuvre. Le problème pour le cochon : adorant fouir la terre du matin au soir, il ne sait plus quoi faire de ses journées, d'autant qu'elles se déroulent la plupart du temps dans l'obscurité. Alors, dans l'ambiance survoltée de son usine à jambons, il mord. Tout. Les barreaux et surtout la queue de ses congénères, qu'il faut donc couper pour éviter les infections. Ses dents sont meulées ou arrachées pour la même raison.

Vivant en permanence dans le méthane, au milieu des cris perçants et des effluves ammoniacales, le cochon est sujet à l'arthrite et à toutes sortes de maladies respiratoires. Sans parler des gastro-entérites. C'est un bouillon de culture qui finit en jambon. Une bombe médicamenteuse aussi.

Pourquoi martyrisons-nous ainsi le cochon ? Pour le rendement. Dans le cochon, tout est bon pour gagner du temps et de l'argent : c'est ainsi que les mâles sont quasiment tous castrés sans anesthésie, afin d'éviter que ne se glisse dans la viande une odeur qui incommoderait le consommateur roi. Une pratique qu'interdisent souvent nos voisins européens, choqués par sa cruauté.

Les poules ne sont pas mieux loties. Si elles n'aiment rien tant que gratter la terre à la recherche d'une larve ou d'un insecte, cette activité est, hélas, impossible dans les hangars surpeuplés de l'industrie avicole : le sol est grillagé. Elles ont donc tendance, pour compenser, à se becqueter les unes et les autres. C'est pourquoi l'éleveur procède dès l'éclosion des poussins à leur débecquage à vif avec une lame chauffante, opération dont beaucoup ne se remettent pas, quand ils ne meurent pas sur le coup.

La volaille devient ensuite une « machine », tellement poussée à fond qu'il arrive souvent que le cœur lâche au cours du programme de « fabrication » de la viande · les défaillances cardiaques sont légion. Les pattes, elles, se brisent, le rythme élevé de ponte exigé des poules (300 œufs par an) favorisant l'ostéoporose.

L'élevage intensif des veaux répond à la même logique. Pour avoir visité à plusieurs reprises des hangars à engraissage, j'ai toujours été fasciné par le mélange de sagesse, de dignité et de fatalisme dont fait preuve, dans l'adversité, le monde des bovins, animaux éminemment philosophiques, même quand ils sont très jeunes.

Anémiés et imbibés d'antibiotiques, les veaux sont claquemurés dans des petits box individuels où ils ne peuvent pas toujours se retourner, ce serait trop demander. Leur pâtée déversée automatiquement est, avec les piqûres des seringues, leur seul contact avec le monde extérieur : le plus souvent, ils vivent dans le noir. Entre leurs repas hyperprotéinés, il ne leur faut surtout pas de distractions qui risqueraient de ralentir la prise de poids.

Dans leur manufacture à escalopes, les veaux au regard d'enfant ne se laissent cependant pas démonter. Quand les lumières s'allument, ils fraternisent, prêts à lécher tout ce qui se présente à eux, mais parfois, quand ils lèvent leur museau humide pour nous observer, leurs regards semblent accusateurs, en tout cas las et fatigués de nous voir. Je crois qu'ils nous méprisent. Ils ont raison. Si on est un homme, on ne peut que détourner les yeux devant les leurs.

Tandis que plusieurs États américains ont donné un coup d'arrêt aux élevages intensifs, les autorités européennes se sont préoccupées d'agrandir la surface minimale du lieu de vie dévolu aux animaux. Mais, sur le terrain, les réglementations ne sont pas toujours appliquées : souvent en difficulté, les industriels n'ont pas les moyens de les mettre en œuvre et font du chantage à la fermeture de l'entreprise.

Manger de la viande d'élevage intensif, c'est donc manger de l'humiliation, de l'angoisse et de la douleur, même si, dans le cas des veaux, cette dernière restera toujours noble et muette.

Chien et chat

Mieux vaut être un animal de compagnie qu'une bête à manger. On a sa place réservée au cimetière. On a droit aussi à des visites chez le psychologue ou le comportementaliste animalier pour mieux affronter les aléas de la vie en société. En attendant de pouvoir, un jour peut-être, disposer d'une cellule de soutien psychologique après un traumatisme.

J'ai connu toutes sortes de chiens. Des caniches, des bassets, des braques de Weimar. Des braves qui allaient, inconscients, au-devant des sangliers. Des pleutres qui disparaissaient dans la cave au premier orage venu. Des avides qui avaient les crocs du matin au soir. Des racés qui semblaient toujours au régime comme des mannequins. Des crétins.

Avec les chiens, on est souvent aussi désemparé que les parents qui ne comprennent pas pourquoi, après qu'ils ont donné la même éducation à leur progéniture, celle-ci est composée d'une bimbo, d'un aigri, d'une surdouée et d'un joyeux drille. Après ça, comment parler de déterminisme ou de programmation génétique ?

Dans *La Filiation de l'homme*, chef-d'œuvre d'observation animale, le livre de lui que je préfère, Charles Darwin (1809-1882) raconte des histoires de chiens qui ne laissent aucun doute sur l'intelligence canine. Un jour, un chasseur nommé Colqhoun blessa à l'aile deux canards sauvages qui tombèrent de l'autre côté d'une rivière. Arrivée sur place, sa chienne tenta de rapporter les deux en même temps. Impossible. Alors elle en tua un, ce qu'elle ne faisait jamais, et rapporta l'autre à son maître avant de retourner chercher le volatile mort.

Après avoir cité un autre cas du même genre, Charles Darwin note que, dans ces deux exemples, les chiens d'arrêt ont, après réflexion, montré leur faculté de raisonnement en transgressant un interdit, celui de ne jamais tuer le gibier qu'ils ramassent.

Je sais que le chien ne figure pas sur les hauteurs du palmarès de l'intelligence d'où le cochon lui fait la nique, mais j'ai toujours été frappé par sa capacité de réaction. Devant les situations compliquées, il gambergera avec un air absorbé avant de trouver les solutions adaptées. Il y a chez lui une inventivité qui en jette.

Aujourd'hui, la science a établi que le chien n'était pas celui que nous croyions et qu'il avait bien plus d'aptitudes qu'on ne le pensait : il apprend vite, dès lors que son maître prend le temps de s'en occuper.

Certes, il y a chien et chien. Grandes sont les différences d'intelligence entre les races, puis entre les individus. Les border collies, les caniches ou les bergers allemands sont largement au-dessus du lot, alors que les bull-terriers, les chihuahuas ou les lévriers afghans ne semblent pas, au départ, avoir plus de plomb dans la tête que des bulots.

Célébrité aux États-Unis où elle est habituée des plateaux de télévision, Chaser est une border collie capable de comprendre 1 022 mots, des noms d'objets ainsi que quelques verbes. Même si elle est encore loin du record atteint en 1995 par la perruche ondulée Puck avec un vocabulaire de 1 728 mots, elle est considérée comme le chien le plus intelligent du monde. Son secret ? Son maître, John Pilley, un universitaire à la retraite de Caroline du Sud, spécialiste des comportements, lui a fait subir pendant trois ans un entraînement de quatre à cinq heures par jour.

Considérant ses congénères comme des débiles, Chaser illustre parfaitement la théorie d'un psychologue canadien, Stanley Coren, qui assure que la génétique compte pour moitié dans l'intelligence d'un chien, le reste dépendant de l'environnement et des dispositions de son maître pour le dressage et l'éducation.

« Chaser a l'intelligence d'un bambin, dit John Pilley, et je lui parle avec des mots et des phrases simples, comme si je parlais à un bambin. » Le chien est un animal social qui, contrairement au chat ou au chimpanzé, volontiers distraits, adore apprendre des humains. Son mimétisme est tel qu'une corrélation a été établie par des chercheurs de l'University Medical Center d'Amsterdam entre le degré de surpoids d'un chien et celui de son maître. Montre-moi ton chien, je te dirai qui tu es.

Ceux qui l'ont fréquenté savent qu'il semble repousser toujours plus loin le champ des possibles. Insulte permanente aux mécanistes et aux déterministes, il est malléable comme de la pâte à modeler. Le contraire du chat sur lequel nous n'avons guère de prise.

Encore heureux quand le chat ne nous prend pas carrément pour des imbéciles et décide, juché sur son quant-à-soi, qu'il mènera sa vie de son côté, sans daigner apporter la moindre contrepartie, fût-ce une caresse, à la pitance et au logement que nous lui assurons. La plupart du temps, cet animal n'oublie rien, excepté d'être ingrat. C'est cette indépendance plus ou moins méprisante qui m'a toujours fasciné chez les félins.

Une étude d'une chercheuse de Caroll University, dans le Wisconsin, prétend que les gens qui préfèrent les chats sont plus « intelligents » que les gens qui préfèrent les chiens. À en croire ses résultats, les amoureux des chats seraient plus introvertis et plus sensibles. Les amoureux des chiens, plus extravertis et plus conformistes. Ma modeste expérience m'incline à dire que le chat est moins aisé à comprendre et cache mieux son jeu.

À dix ans, j'avais une chatte dont j'étais si proche qu'une nuit elle accoucha dans mon lit de sa première portée. Les chatons finissent mal en général et ceux-là ne firent pas exception à la règle. Dès le lendemain, ils avaient disparu. Vitrifiés, éliminés, rayés de la carte.

Quand elle nous les réclamait avec des miaulements lourds de reproches, nous faisions semblant de ne pas comprendre de quoi elle voulait parler.

Jamais plus elle ne mit bas de petits dans la maison. Les fois suivantes, elle les enfanta dans des lieux connus d'elle seule où, ensuite, elle les allaitait. Des greniers de dépendances ou des recoins de haies. Quand je l'espionnais pour les repérer, elle m'embrouillait en prenant des chemins labyrinthiques. Jusqu'au jour où elle arrivait devant la porte de la maison pour nous présenter ses chatons, tellement mignons qu'on était condamné à les adopter.

À raison de deux portées de quatre par an, la ferme de mes parents s'est rapidement transformée en chatterie où des marées miauleuses clapotaient autour de la maison, surtout le soir et matin. Quand la descendance de ma chatte s'éleva à une cinquantaine d'individus, ma mère décida qu'il fallait mettre un terme à cette explosion démographique et je ne pus lui donner tort. Passons.

Ma chatte était une grosse roublarde. Même si les dernières recherches scientifiques mettent l'intelligence du chien au-dessus de celle du chat, il peut encore nous réserver des surprises : nous ne sommes qu'à l'âge de pierre de la connaissance des animaux et notre ignorance à leur sujet reste encyclopédique. Sans parler des préjugés ancestraux.

Dieu contre les animaux

Si l'animal a des ennemis sur cette terre, ce sont bien les trois religions monothéistes. Quand elles ne l'ont pas oublié, elles l'ont mis au service de l'homme, élevé par elles au rang de sous-dieu avec le droit de ne faire qu'une bouchée de toute la création.

L'un de mes livres culte est le *Dictionnaire de la Bible* d'André-Marie Gérard[1], l'œuvre monumentale d'un immense érudit : elle permet d'entrer dans les Saintes Écritures comme on veut, c'est comme un passe-partout doublé d'une clé à mollette.

Or, deux occurrences manquent cruellement dans ce dictionnaire : bêtes et animaux. C'est logique si l'on songe que nos frères et

1. Collection « Bouquins », Robert Laffont, 1990.

nos sœurs inférieurs ne comptent pour rien dans la Bible. Dieu les a en effet créés pour les humains. Ils sont là pour leur remplir la panse et c'est à peu près tout.

Gare aux caricatures : les religions du Livre sont cependant d'accord pour considérer qu'il faut bien traiter les animaux. Chez les juifs, les lois dictées par Dieu à Noé prescrivent au paysan de donner à manger à ses bêtes de trait avant de se nourrir lui-même. Quant à la Genèse, elle lui demande de les soulager de leurs fardeaux excessifs et de les mettre au repos le septième jour de la semaine.

Les monothéismes sont des humanismes : si les animaux sont à peine plus que des choses, ce n'est pas une raison pour les martyriser. Arrivé sur terre quelques siècles plus tard, le Coran reste dans la filiation du judaïsme et du christianisme.

Dans la sourate des abeilles, l'islam nous raconte la même histoire que la Genèse : après avoir inventé pour nous la nuit, le jour, le soleil et la lune, Allah nous a donné les bêtes pour assurer notre subsistance. Pour que nous en retirions aussi des « vêtements chauds ». Pour qu'ils portent nos fardeaux.

Mais Mahomet nuance ensuite son propos dans la sourate des troupeaux, quand il nous dit sur le mode bouddhiste :

« Il n'y a pas de bêtes sur la terre ;
il n'y a pas d'oiseaux volant de leurs ailes,
qui ne forment, comme vous, des communautés. »

Pour l'islam, l'« humanité », au sens de compassion, est censée s'étendre aux animaux. Toute sa vie, Mahomet s'est insurgé contre la souffrance animale. Les textes abondent qui l'attestent. Il interdisait notamment d'égorger une bête devant une autre ou encore de marquer au fer les animaux sur la tête. Sans oublier d'exhorter le sacrificateur de toujours bien aiguiser son couteau. Apparemment, la plupart de ses injonctions sont restées lettres mortes chez les salafistes et les intégristes.

Qui a vécu la fête de l'Aïd, en terre d'islam ou pas, sait que les moutons passent, ce jour-là, un sale moment. Il n'y est plus question de respect, encore moins de miséricorde. Après avoir été transportées sans ménagement et en surnombre, les bêtes sont souvent jetées du haut des camions d'où elles atterrissent avec les pattes cassées, avant d'être égorgées, le lendemain, en dépit du bon sens, dans les courées ou les baignoires. S'il revenait sur terre, gageons que Mahomet serait horrifié par ce spectacle lamentable. Nous y reviendrons.

Je suis conscient que la maréchaussée du bien-penser, toujours sur le qui-vive, est déjà en passe de m'interpeller pour islamophobie aiguë. J'aimerais en rester là, pour le plaisir de la voir débouler, mais je dois ajouter, ce qui la rassurera, que, sur la question animale, le monde musulman n'a rien à envier au christianisme qui a attendu saint François d'Assise (1182-1226) pour découvrir enfin que les animaux étaient nos frères et nos sœurs, réconciliant ainsi l'Asie et l'Occident.

Porté par le souffle des religions orientales, saint François d'Assise avait des siècles d'avance sur son époque. Dynamiteur et transgresseur, c'est un visionnaire qui a remis les animaux à leur place. Ni au-dessus ni en dessous de nous, mais à côté, au cœur du monde.

Grâce à lui, la régénérescence du christianisme a pu commencer, mais à petits pas à peine visibles, jusqu'à la consécration finale avec l'avènement en 2013 d'un pape prénommé François, jésuite converti au franciscanisme. À terme, les monothéismes n'ont pas d'autre solution que de se réconcilier avec le cosmos. D'accepter l'évolution au lieu de la nier. De faire voler en éclats les barrières de pacotille entre la religion et l'univers.

Les créationnistes forment une espèce nuisible qui, hélas, prolifère encore dans les trois religions. Ce sont eux qui ont veillé et veillent toujours à couper l'homme de l'animal. Ils supportent d'autant moins celui-ci que sa seule existence, ses mimiques et ses amours ridiculisent leurs fadaises en leur rappelant d'où ils viennent.

La grande méprise des monothéismes sur l'animal a finalement ses racines dans les premières lignes de l'Ancien Testament où, après avoir créé l'homme à son image, puis la femme, Dieu les bénit et leur dit, dans la traduction d'Augustin Crampon, chanoine de la cathédrale d'Amiens au XIXe siècle : « Soyez féconds, multipliez, remplissez la terre et soumettez-la, dominez sur les poissons de la mer, sur les oiseaux du ciel et sur tout animal qui se meut sur la terre. »

Une exhortation qui, aujourd'hui, apparaît dépassée et absurde, à rebours de tout ce que la terre n'a cessé, depuis, de nous apprendre.

La faute à Descartes

Que faire de l'animal en nous ? Le tuer comme une « bête immonde » ? L'apprivoiser ? L'oublier ? Chacun d'entre nous a une réponse personnelle.

De cette animalité certains rient, d'autres frissonnent, notamment parmi les croyants. Mais rien n'interdit d'assumer, quitte à la transcender, cette part animale qui souvent guide nos pas.

À propos des bêtes, la philosophie ne parle pas d'une même voix. À côté d'une tradition qui entend nous réconcilier avec la nature, une autre veut nous en éloigner, au nom de ce qu'on peut appeler un humanisme métaphysique.

Parmi les représentants de cette seconde tradition, on compte quelques-uns des plus grands noms de la philosophie, de Platon à Hegel, de Kant à Marx, sans parler de Sartre.

Dans un livre iconoclaste où l'auteur écrit qu'Auschwitz est le point d'orgue, l'« apothéose » de l'humanisme métaphysique[1], je suis tombé sur ces propos ineptes, tirés des *Cahiers pour une morale*, du « communiste » Sartre, clone philosophique – j'exagère à peine – du « nazi » Heidegger : « La liberté de l'animal n'est pas inquiétante, car le chien n'est libre que pour m'adorer. Le reste est appétit, humeur, mécanisme psychologique ; en se détournant de moi, en grondant, il retourne dans le déterminisme ou dans l'obscure opacité de l'instinct. »

Du Descartes tout craché. Si un philosophe a contribué à démolir notre vision de l'animal, pourrissant les cerveaux, notamment celui, déjà gâté, d'un Sartre aveugle au monde, c'est bien l'auteur du *Discours de la méthode*. Un esprit inventif et curieux de tout, que trop de philosophes ont suivi les yeux fermés dans ce domaine comme dans d'autres.

En l'évoquant, Jacques Derrida, d'ordinaire plus policé, trouve dans *L'animal que donc je*

1. Patrice Rouget, *La Violence de l'humanisme : pourquoi nous faut-il persécuter les animaux ?*, Calmann-Lévy, 2014.

suis des accents de colère à la Michel Onfray : « Le cartésianisme appartient, sous cette indifférence mécaniste, à la tradition judéo-christiano-islamique d'une guerre contre l'animal, d'une guerre sacrificielle aussi vieille que la Genèse[1]. »

L'un des grands legs de René Descartes (1596-1650) à l'histoire de la philosophie aura été de rayer, pour des siècles, l'animal du monde du vivant. Je plaisante à peine. Après avoir découvert qu'il pense, donc qu'il est, l'auteur du « cogito » n'a eu de cesse de mettre les bêtes au bas de l'échelle, avec les plantes et les pierres : à ses yeux, ce ne serait que des automates et rien d'autre.

Je ne suis pas sûr que Descartes ait pensé tout ce qu'il a écrit. En témoigne ce lapsus freudien, pardonnez l'anachronisme, dans la cinquième partie de son *Discours de la méthode* : « De la description des corps inanimés et des plantes, je passai à celle des animaux et particulièrement des hommes. » Preuve qu'au moins dans son inconscient il plaçait, avant Darwin, les hommes à l'intérieur du monde animal.

Dans le sillage des trois monothéismes, Descartes est convaincu que Dieu a tout créé pour nous. Le ciel, la terre, la mer, les

1. Jacques Derrida, *L'animal que donc je suis*, Galilée, 2006.

animaux, les fleurs, les fruits. À nous d'en profiter et d'exploiter à fond, jusqu'au trognon, toutes ces merveilles qui nous appartiennent. Nous n'avons pas de comptes à leur rendre.

À partir de 1630, alors qu'il séjourne en Hollande, Descartes se rend souvent dans les boucheries. Il assiste à l'abattage des bêtes avant d'emporter chez lui des morceaux de carcasses pour chercher à découvrir, avec son scalpel, les secrets de l'anatomie. Les années suivantes, il dissèque toutes sortes d'animaux vivants : anguilles, poissons, lapins, veaux ou chiens.

Ce sont ces « travaux » qui l'ont amené à développer la théorie bouffonne des animaux-machines : « Un arbre produit des fruits comme une montre marque l'heure et comme les animaux font ce qu'ils font. » Contrairement à Montaigne, apôtre prophétique de la cause des bêtes, qu'il prétend réfuter, Descartes ne leur accorde rien. Surtout pas d'âme indépendante du corps, il va de soi, mais pas d'intelligence non plus, ni de sensibilité.

Rien n'ébranlera jamais sa fumeuse théorie. Dans une lettre au marquis de Newcastle, en date du 23 novembre 1646, il écrit, toujours obsédé par la métaphore de l'heure au cadran :

« Je sais bien que les bêtes font beaucoup de choses mieux que nous, mais je ne m'en étonne pas ; car cela même sert à prouver qu'elles agissent naturellement et par ressorts, ainsi qu'une horloge, laquelle montre bien mieux l'heure qu'il est que notre jugement ne nous l'enseigne. »

Le cartésianisme appliqué est bien résumé par cette histoire que raconte Fontenelle. Alors que le philosophe rendait visite au père Malebranche, théologien, prêtre oratorien et disciple de Descartes, une chienne pleine entra dans la pièce et se frotta contre le maître de maison avant de se rouler à ses pieds. Après avoir tenté en vain de la repousser, Malebranche finit par lui donner un grand coup de pied, qui provoqua un cri de douleur de l'animal.

Fontenelle était consterné. Alors, Malebranche : « Quoi, ne savez-vous pas que cela ne sent point ? »

Aujourd'hui, il y a encore trop de Malebranche en liberté qui torturent, persécutent ou exterminent les bêtes. Mais ils n'ont plus aucune excuse : la science a relégué le concept cartésien de l'animal-machine dans les poubelles de l'Histoire.

La queue de l'homme

L'*hubris* est un mot grec qui signifie démesure ou excès d'ambition. Voilà l'une des principales différences entre les animaux qui en sont pratiquement tous dépourvus, et les humains qui le laissent souvent mener leurs pas, avec les conséquences que l'on sait.

C'est sans doute à cause de cet *hubris* que nous supportons si mal les comparaisons entre eux et nous. Ne fut sûrement pas pour rien, dans la haine que Charles Darwin déchaîna contre lui, le passage désopilant de *La Filiation de l'homme*, où il écrit à propos du coccyx : « Une queue, bien que non visible à l'extérieur, est en fait présente chez l'homme et chez les singes anthropomorphes, et sa construction dans les deux groupes suit exactement le même plan. »

Observant que chez les macaques à queue courte, celle-ci devient calleuse à force d'être soumise à des frottements quand ils s'assoient, Charles Darwin en conclut que ces frictions ont fini par l'atrophier jusqu'à la disparition finale chez l'homme et les singes anthropomorphes, les mettant ainsi « en harmonie avec la posture dressée ou semi-dressée ».

Que l'espèce humaine ait été pourvue, il y a quelques millions d'années, d'une queue comme les vaches, les rats, les cochons ou les chiens, c'est quelque chose qu'on n'apprendra pas de sitôt dans les écoles, leur enseignement fût-il libéral et moderne. Nous plaçant sans cesse face à notre propre réalité, le darwinisme continue d'être dérangeant, voire révulsant.

En punition de leur grotesque vanité, je propose qu'on demande à tous les représentants avantageux de nos institutions, paons au jabot couvert de décorations et de hochets tintinnabulants, de lire à haute voix devant un large public cet extrait de *La Filiation de l'homme*. Après quoi ils seront invités à réciter tous les soirs, avant de se coucher, la dernière phrase du livre : « Avec toutes ces capacités sublimes, l'homme porte toujours dans sa construction corporelle l'empreinte indélébile de sa basse origine. »

Longtemps, l'une des activités principales des philosophes a consisté à rabaisser l'animal pour rehausser l'homme. De siècle en siècle, avec une obsession enfantine, ils n'ont cessé, à quelques exceptions près, d'épiloguer sur ce dont il serait « privé ». La parole, la raison, le logos, le rire, le deuil, le don, la culture ou le respect. Ils ont défini la bête par ce qu'elle n'était soi-disant pas.

D'où les errements, sur la question animale, des meilleurs d'entre les philosophes, comme Spinoza qui avait trop lu Descartes, et surtout de Kant qui souffrait d'une phobie de l'animalité, y compris en nous. Sans oublier Heidegger. C'est à se demander si les uns et les autres ont, un jour, visité une ferme ou un zoo, voire approché un animal.

Ils ont ainsi constitué une sorte de bêtisier philosophique. Comme Aristote, Bergson prétend que le rire est le propre de l'homme seul. Rousseau est sûr que, contrairement à nous, l'animal n'a pas conscience de la mort. À l'instar de Descartes et contrairement à l'évidence qui est – si j'ose dire – criante, Malebranche lui refuse même le droit à la douleur. Les farceurs !

Que s'est-il passé pour que la philosophie passe ainsi à côté de la réalité animale ? Sans doute s'est-elle trop contentée, comme sur d'autres sujets, de se répéter elle-même au fil du temps. Sans prendre celui d'observer les bêtes de près, ce que Darwin a fini par faire pour elle.

Sans doute son idéologie « humaniste » lui a-t-elle aussi brouillé l'esprit. Darwin n'a pas empêché Heidegger, des siècles après Descartes, de réduire l'animal à son accaparement par ses mouvements pulsionnels.

Tout en se défendant de fixer une hiérarchie, Heidegger établit ce qu'il appelle trois « thèses ». D'abord, la « pierre est sans monde ». Ensuite, l'animal est « pauvre en monde ». Enfin, l'homme est « configurateur du monde », dont il serait même à la fois le maître et le serviteur.

Aux yeux d'Heidegger, l'animal n'est pas fini. Rien ne lui apparaît « en tant que tel », ni la pierre, ni le jardin, ni le soleil. Il vit, mais il n'existe pas. Donc il ne meurt pas à proprement parler, il cesse seulement de vivre. Qui a vu une vache se recueillir devant son petit crevé ou un veau pleurer devant le couteau de l'abatteur ne peut vraiment souscrire aux affirmations d'un philosophe en chambre et culotte de cuir.

Derrida, l'un des meilleurs avocats de la cause animale, semble creuser un sillon parallèle quand il écrit : « On croit généralement [...] que le propre des bêtes, et ce qui les distingue en dernière instance de l'homme, c'est d'être nus sans le savoir. [...] Dès lors, nus sans le savoir, les animaux ne seraient pas, en vérité, nus. »

« L'animal, ajoute Derrida, n'est pas nu parce qu'il est nu. Il n'a pas conscience de sa nudité. Il n'y a pas de nudité "dans la nature". Parce qu'il *est* nu, sans *exister* dans la nudité, l'animal ne se voit ni ne se sent nu. Et, donc, il n'est pas nu. Du moins le pense-t-on[1]. »

Cette prétendue absence de conscience des animaux, pont aux ânes de la philosophie occidentale, nous arrange bien. Elle nous a permis de surplomber la création pendant des siècles, en creusant un fossé infranchissable entre eux et nous. C'est ainsi qu'on en est venu, au nom d'un anti-anthropomorphisme, à nier tous les sentiments de l'animal, qui, se rapprochant de nous, pourrait nous amener à nous interroger sur nous-mêmes. L'humour. Le partage. La solidarité. Le don de soi. Les propres de l'homme que les bêtes singeraient.

1. Jacques Derrida, *L'animal que donc je suis*, *op. cit.*

Mais Derrida n'est pas de cette école-là. Déconstructeur des philosophes animalophobes, d'Aristote à Heidegger en passant par Descartes, il démolit ses illustres collègues à sa façon ergoteuse, pinailleuse et néanmoins respectueuse. Grâces lui soient rendues d'avoir mis en pièces le concept d'« animal » qui, face à l'« homme » dressé sur son promontoire, abrite tout et son contraire : les carpes et les lapins, les limaces et les girafes, les bonobos et les bigorneaux. Loué soit-il aussi d'avoir osé demander si ce qui s'appelle « l'homme » a le droit de s'attribuer avec autant de légèreté que d'arrogance ce qu'il refuse à ce qu'il appelle « les bêtes ».

Un cancer du pancréas dont il ne réchappera pas a empêché Derrida d'écrire le livre fondamental qu'il préparait sur la question et dont on peut trouver l'esprit dans une conférence de neuf heures (en trois jours) donnée à Cerisy, en 1997. Intitulée « L'animal autobiographique », elle a été mise en forme par Marie-Louise Mallet avant d'être publiée sous un titre derridien en diable : *L'animal que donc je suis*.

En effet, aux yeux de Derrida, il n'y a pas eux et nous : nous sommes tous des animaux, descendants du même ver acéphale.

N'en déplaise aux mégalhommes-ânes ou aux mythommes-ânes, créationnistes ou pas, il faut remettre l'homme au cœur du monde animal d'où son *hubris* l'a malencontreusement extrait, pour le pire plus que pour le meilleur. C'est ce que Charles Darwin avait commencé à faire en différenciant, dans son œuvre, les animaux humains et les animaux non humains, comme il y a les animaux volants et les animaux rampants, les animaux à plumes, à écailles, à jupe ou à cravate. Même si nous nous sommes installés de notre propre chef au sommet de la pyramide, nous ne sommes qu'un élément du vivant.

Il ne s'agit pas de réduire l'espèce humaine à son animalité mais, au contraire, de la transcender. Ce n'est pas un retour en arrière, dans la préhistoire de notre espèce. C'est une nouvelle étape vers la civilisation que les morales taoïstes et bouddhistes ont commencé à dessiner pour nous, il y a plus de deux millénaires, de l'autre côté du monde.

L'humanité des perroquets

Les rats rient. Quand ils jouent entre eux ou quand on les chatouille. Le phénomène a été prouvé et établi par des chercheurs d'universités de l'Ohio et de l'Illinois.

Les chimpanzés ont toutes les panoplies du rire avec la même grimace que la nôtre, découvrant les gencives. Leurs vocalises rappellent de manière troublante celles des rires humains.

Les chèvres ou les chiens, volontiers blagueurs, rient pareillement, je l'ai souvent observé. Mais de toutes les bêtes que j'ai connues, c'est un perroquet qui emporte haut-la-patte, si j'ose dire, la palme de l'humour.

Un perroquet gris de Gabon qui s'appelait Coco. Il portait ce nom depuis longtemps et ne supportait pas qu'on tente de le lui changer, ce que j'ai essayé de faire, en vain. Ces animaux peuvent vivre, comme nous, jusqu'à quatre-vingts ans et celui-là avait, de toute évidence, beaucoup vécu.

Je lui donnais entre quarante et cinquante ans. La variété de ses registres m'inclinait à penser qu'il était passé entre pas mal de mains. J'imaginais que ses propriétaires l'avaient abandonné les uns après les autres, lassés par sa bruyante exubérance qui ne s'arrêtait que le soir, après qu'on eut posé un drap noir sur sa cage.

Logé au milieu de la cuisine, Coco imitait, à s'y méprendre, les claquements de porte, les bruits de vaisselle, les sifflements de la bouilloire, les grondements de la machine à laver la vaisselle ou la sonnerie des téléphones, fixe et portable. On pouvait aussi avoir des conversations avec lui et, n'en déplaise à M. Descartes, il déclinait toutes les versions possibles du « cogito » : « Je pense, donc je suis ; je ris, donc je suis ; je parle, donc je suis ; j'imite donc je suis ; je me fous de ta gueule, donc je suis. »

J'étais convaincu qu'il était doté de la conscience de soi. Quand il disait « Coco pas content », il fallait comprendre qu'il avait une contrariété. Quand il disait : « T'es pas Coco », cela signifiait que j'étais en effet un autre. C'était un plaisantin qui, quand je m'affairais dans la cuisine, me provoquait sans cesse pour nouer le dialogue, avec des formules du genre : « T'es con », « T'es pas beau » ou : « Qu'est-ce qu'i' fait, çui-là ? » C'était un sale gosse qui donnait des crises de fou rire à mon amie Nahed.

Contrairement à tant d'autres animaux, fors l'homme et le singe, les perroquets sont pourvus d'un organe de phonation, le syrinx, qui leur permet d'avoir un langage articulé. Comme tous ses congénères, Coco en abusait. Il avait toujours quelque chose à dire.

Jusqu'à sa mort, d'une cirrhose du foie provoquée par une surconsommation de graines de tournesol, je fus comme ébahi par sa drôlerie et son intelligence. Il devint vite un ami et je regrette de n'avoir pas approfondi notre relation. Comme il était toujours en demande d'attention et que j'avais trop de travail pour lui en donner autant qu'il voulait, j'avais tendance à fuir le contact.

Quand il est tombé malade, on s'est enfin trouvés, Coco et moi. Mais il était trop tard pour mieux se connaître : après l'avoir conduit chez le vétérinaire qui diagnostiqua une fin imminente, je l'ai accompagné jusqu'aux portes de son agonie. Les deux dernières nuits, il a même dormi avec moi la tête enfouie dans une aisselle, tremblant et recroquevillé, en émettant de temps en temps un filet de plainte qui me fendait le cœur. Il semblait submergé par une immense angoisse métaphysique. Je ne doutais pas qu'il était doué de raison et avait peur de mourir. Me méfiant de mon anthropomorphisme naturel, je n'ai jamais épilogué sur sa sidérante « humanité ».

Je m'en suis voulu de ne pas lui avoir donné plus de temps quand, quelques années plus tard, j'ai pris connaissance des travaux de l'éthologue américaine Irene Pepperberg de l'université Brandeis, Massachusetts, sur son perroquet Alex (1976-2007). Je pris alors conscience d'être passé à côté d'un animal d'exception comme le sont souvent ceux de cette espèce : même s'il ne figure pas parmi les dix premiers du palmarès de l'intelligence d'Edward O. Wilson, le perroquet arrive cependant au troisième rang dans les classements de certains de ses collègues. Juste derrière le singe et le dauphin.

Mort d'un arrêt cardiaque en pleine force de l'âge, Alex est présenté aujourd'hui comme un surdoué, arrivé avec son cerveau de la taille d'une noix au niveau d'un enfant de cinq ans, ce qui est peut-être exagéré. Il avait un vocabulaire de plus de cent mots qu'il utilisait avec bonheur et en comprenait mille, davantage encore que la moyenne des perroquets. Il était par ailleurs capable de compter jusqu'à six, de distinguer sept couleurs ou d'identifier une cinquantaine d'objets. Comme Coco, il savait ce qu'il disait. Il pouvait réclamer une banane ou exprimer aussi bien son ennui que son mécontentement.

Alex était aussi un grand sentimental comme le prouvent ses dernières paroles au docteur Pepperberg venue lui souhaiter bonsoir, et qui, le matin suivant, le retrouva mort dans sa cage : « On se voit demain, sois sage, je t'aime. »

Des personnes comme Alex ou Coco nous plongent dans un profond vertige et nous amènent à nous interroger sur le monde qui nous entoure : ils sont la preuve vivante que l'espèce humaine n'a pas le monopole des propres de l'homme.

Les propres de l'homme

Longtemps, nous autres humains avons tout dénié aux animaux non humains. Le rire, l'intelligence, mais aussi l'empathie dont les preuves abondent. Pas seulement à l'intérieur des espèces, mais parfois aussi entre elles.

En 2003, dans la réserve de KwaZulu-Natal, à l'est de l'Afrique du Sud, un groupe d'éléphants a ainsi décidé, une nuit, de libérer, c'est bien le mot, un troupeau d'antilopes emprisonnées dans un enclos pour être transférées ailleurs.

À la barbe de l'équipe de la réserve, pour qui ce comportement ne saurait s'expliquer en « termes scientifiques », la matriarche des éléphants a ouvert les loquets de la porte de l'enclos avant de repartir, mission accomplie, laissant les antilopes retrouver la liberté.

Certes, ce sont des éléphants, animaux pourvus d'une forte sensibilité émotionnelle et classés très haut, on l'a vu, dans le palmarès de l'intelligence d'Edward O. Wilson. Mais ce type d'entraide se retrouve dans la nature chez la plupart des mammifères, y compris dans des espèces peu sophistiquées : ici-bas, la vie n'est pas toujours régie par la loi du plus fort.

Les animaux aussi se serrent les coudes. En Amérique centrale ou du Sud, les chauves-souris vampires pompent chaque nuit leur ration de sang sur les jarrets des ânes ou des bœufs. Quand, de retour au gîte où l'escouade perche, l'une d'elles n'a pas eu son compte, elle réclamera sa part de pitance à une autre qui la lui régurgitera aussitôt dans la gueule, à charge de revanche.

Des expériences menées à l'université de Chicago ont mis au jour l'altruisme des rats. Les chercheurs ont réparti deux par deux trente cobayes dans des cages où l'un d'eux était enfermé à l'intérieur d'un petit tube de Plexiglas, qui ne pouvait s'ouvrir que de l'extérieur. Au bout de quelques jours, le rat « libre » comprenait le mécanisme qui lui permettait de libérer son congénère.

Si, avant de l'introduire à nouveau dans la cage, les chercheurs disposaient dedans des pépites de chocolat dont l'espèce est très friande, il arrivait que le premier rat commence à festoyer tout seul mais il n'oubliait jamais de libérer rapidement le second pour partager ensuite son repas avec lui.

Autant dire que les chercheurs sont tombés des nues : contrairement à tout ce qu'on pouvait penser, les rats se soutiennent les uns les autres. Ils ne sont pas les seuls dans le monde animal, fût-il inférieur : ainsi, quand elle plante son dard en harpon dans l'intrus qui entre dans la ruche, l'abeille se condamne pratiquement à mort pour sauver la collectivité.

Évidemment, plus on remonte l'échelle de l'évolution, plus les exemples d'entraide deviennent fascinants. Notre science est relativement récente dans ce domaine, mais nous sommes en train de vérifier chaque jour, grâce aux travaux des chercheurs, que la compassion et la sympathie ne sont pas réservées aux humains.

Sur les dauphins, la messe était déjà dite depuis longtemps mais, en 2013, des scientifiques sud-coréens du centre de recherche d'Ulsan ont pu observer de visu une douzaine de ces animaux former un radeau vivant pour soutenir l'un d'eux, dont les nageoires latérales semblaient paralysées. Jusqu'à sa mort, ils ont maintenu le moribond à la surface de l'eau afin qu'il puisse respirer. Si les tentatives de sauvetage sont fréquentes dans cette espèce, celle-là a été filmée avant d'être racontée en détail par *Marine Mammal Science*, le journal de la Société des mammifères marins.

Quant aux singes, leur générosité devrait être un modèle pour nous autres, primates humains. En 2011, une expérience du centre Yerkes sur les primates, à l'université d'Emory, aux États-Unis, a montré que, si on leur donnait le choix entre manger seuls une banane ou permettre à un congénère d'en avoir une en même temps qu'eux, ils choisissaient toujours la seconde solution.

D'autres expériences ont montré que leur sens de la justice ou de l'équité leur interdisait de recevoir une gratification supérieure à celle d'autres singes s'ils avaient le sentiment d'avoir effectué le même travail. Les travaux de Stanley Wechkin à Chicago ont établi que des singes rhésus préféraient ne rien avaler, même s'ils étaient affamés, quand ils découvraient que l'acte de manger provoquait un choc électrique chez un de leurs congénères. L'un d'entre eux a ainsi préféré jeûner pendant douze jours.

Voilà bien la preuve que les singes sont soucieux du bien-être d'autrui. L'un des primatologues vivants les plus réputés, Frans de Waal, n'hésite pas dire que les grands singes ont des valeurs morales. Dans *L'Âge de l'empathie : leçons de la nature pour une société solidaire*[1], il raconte des histoires plus que troublantes. Celle du bonobo qui trouve un oiseau assommé contre la paroi de son enclos, monte au sommet d'un arbre, déploie ses ailes et le lance en l'air. Ou bien celle du chimpanzé dispersant des jeunes singes qui jouent violemment avec un caneton, avant de pousser d'une pichenette dans l'eau de la douve un autre volatile resté sur la berge.

Au fur et à mesure que la science avance, les différences s'estompent entre l'animal humain d'un côté et, de l'autre, les bonobos, les chimpanzés, les gorilles ou les orangs-outans. Les grands singes sont capables de pitié, de gratitude ou de conscience de soi. Ils savent aussi rire, torturer ou fabriquer des outils.

C'est normal quand on sait que la séquence de l'ADN de l'homme et du chimpanzé est identique à 99 %, comme nous l'a appris en 2005 une équipe internationale de soixante-

1. Les Liens qui Libèrent, 2010.

sept chercheurs. C'est normal, mais c'est aussi très troublant.

Un jour, un chercheur sidéré par les résultats de ses travaux nous dira peut-être que ce qui nous distingue vraiment des grands singes, en fin de compte, c'est qu'ils n'ont pas, eux, un statut juridique digne de ce nom.

Nos ancêtres les poissons

En me baignant sur les plages de l'île de Porquerolles, dans la Méditerranée, j'ai souvent fait la connaissance de poissons argentés, dont les yeux étonnés semblaient chercher les miens derrière mon masque.

J'ai également fréquenté pas mal de mérous bruns sociables, j'allais dire urbains. Il n'y a pas si longtemps, l'espèce avait pratiquement disparu dans la région. Il est vrai qu'elle a toujours joué, si j'ose dire, avec le feu.

Sa grande erreur : elle n'a pas peur de nous, je crois même qu'elle nous aime. Quand ils aperçoivent sous l'eau un animal humain avec un masque et des palmes, les mérous bruns, au lieu de le fuir, ont tendance à aller, comme les chamois, au-devant de lui. Les malheureux !

Honte aux chasseurs de chamois, lamentables fiers-à-bras qui n'ont qu'à laisser le gibier venir pour mieux viser la tête. Honte aussi aux pêcheurs de mérous que leur convivialité débordante met en péril : c'est ainsi que tant d'entre eux ont été transpercés par les harpons des vacanciers, faisant craindre un moment pour la survie de l'espèce.

Le mérou brun déteste vous avoir derrière lui : ne sachant pas ce que vous tramez, il craint sans doute que vous ne le bouffiez. Mieux vaut le prendre de face : il adore rester tête à tête avec vous, les yeux dans les yeux. Il aurait beaucoup de choses à dire : il peut vivre jusqu'à cinquante, voire soixante-dix ans. Au fil du temps, j'ai fréquenté des mérous de toutes sortes. Des furtifs, des sentimentaux et aussi des farceurs.

J'aime ce poisson curieux de tout, à l'œil triste et globuleux. Je n'en ai jamais mangé : comme le disent les tueurs professionnels, ceux qui assassinent sur contrat, il ne faut jamais avoir regardé sa future victime dans les yeux, ça vous fait perdre tous vos moyens.

C'est un animal capable de chasser en bande organisée. Il a été observé, dans la mer Rouge, la tête en bas, en train de rameuter d'autres poissons, au-dessus d'une cavité trop étroite pour qu'il puisse y pénétrer et où se dissimulaient des petites proies. Le mérou rabatteur partagera alors le butin de la pêche avec une murène ou une pieuvre.

J'ai un ami qui a longtemps fréquenté un poulpe à Marseille, plage du Prophète. Armé d'un masque et d'un tuba, il allait le voir sous l'eau tous les jours à la même heure au pied d'un rocher où l'autre l'attendait, les ventouses frétillantes, en lui faisant la fête. Autant dire qu'il ne mange plus de poulpe depuis.

Moi non plus, il va de soi : le poulpe est un animal qui apprend tout très vite mais sa faible espérance de vie (cinq ans) ne lui permet pas d'atteindre les sommets d'intelligence auquel il pourrait prétendre. En attendant, il est très ingénieux. Si vous disposez dans son aquarium un bocal avec un crabe dedans, il saura très vite dévisser le couvercle pour faire bombance…

J'ai cessé de pêcher et de manger des carpes il y a longtemps, quand, enfant, je constatai – observation confirmée par d'autres pêcheurs – qu'on n'en attrapait généralement plus quand on en avait sorti une seule de l'eau. Se passaient-elles le mot ? Si c'était le cas, cela voulait dire qu'elles se parlaient entre elles et, alors, il était inconcevable qu'elles finissent dans mon ventre.

Du poisson, la science nous dit déjà qu'il est intelligent, dispose d'une bonne mémoire et peut, si besoin, se servir d'outils pour arriver à ses fins. Des poissons de la famille des labridés ont ainsi été filmés ou photographiés en train de cogner contre un rocher, pour casser sa coquille, la palourde qu'ils tenaient dans la bouche, ce qui peut être considéré comme un signe d'intelligence supérieure.

Les scientifiques ont aussi commencé à établir que les poissons étaient des êtres sensibles qui ressentaient la douleur. En 2003, des chercheurs d'Édimbourg ont découvert que les truites arc-en-ciel disposaient de cinquante-huit récepteurs, répondant à des chocs électriques ou chimiques. De plus, des expériences ont montré que, si on injectait de l'acide ou du venin d'abeille sur les lèvres d'un poisson, il s'empressait de les frotter.

En 2009, des chercheurs américains et norvégiens ont soumis pendant un bref instant des poissons rouges à une chaleur de 38 °C, la température d'un bain chaud. Un groupe avait reçu une injection de morphine ; l'autre, d'une solution inactive. Les deux groupes se sont enfuis simultanément. Le premier a manifesté des signes d'agitation deux heures après seulement, quand la morphine a cessé de faire son effet, preuve pour les scientifiques qu'il ne s'agissait pas d'un réflexe.

Selon le professeur Culum Brown de l'université Macquarie de Sidney, en Australie, les poissons ont un niveau de complexité mentale qui correspond à celui de la plupart des vertébrés : nous autres animaux humains, conclut-il, devrions « les faire entrer dans notre cercle moral et leur donner la protection qu'ils méritent ».

Sur la capacité neurophysiologique de certains crustacés à souffrir, le doute n'est plus permis : en 2013, une étude menée sur quatre-vingt-dix crabes, à la Queen's University de Belfast, a montré que, contrairement à la légende, ces animaux ressentent la douleur. Les chercheurs les ont placés devant deux abris : s'ils allaient dans le premier, ils recevaient des chocs électriques, dans le second, tout se passait bien. Ils ont donc choisi le second.

Voilà au moins qui devrait nous interdire d'ébouillanter vivants ces animaux sensibles à la douleur. Quant aux céphalopodes comme les pieuvres ou les poulpes que les poissonniers laissent agoniser sur leurs étals, des travaux ont montré dès 1940 qu'ils réagissaient aux stimuli, avec des réactions de repli ou d'évitement devant, par exemple, un crabe porteur d'une anémone urticante.

Une partie de la communauté scientifique reste cependant convaincue que les poissons n'auraient pas un système neurophysiologique suffisamment développé pour ressentir la douleur et n'auraient, par conséquent, que des réflexes de protection. Leur théorie rappelle à bien des égards celle de Descartes : après les animaux-machines qui ont fait long feu, voici le temps des poissons de Pavlov.

Ces chercheurs seraient vite convaincus du contraire s'ils se livraient à l'exercice auquel n'a pas condescendu notre illustre philosophe national : retirer leurs œillères et observer leur agonie.

Il est vrai que la nature a permis qu'elle soit silencieuse, ce qui fait mieux passer les choses. Mais, faute de cordes vocales, si les poissons ne crient pas, ils gigotent, se tortillent, se trémoussent, et certes pas de plaisir. Les cabillauds mettent une heure à mourir par asphyxie après la pêche. Les soles parfois quatre heures. S'ils sont écôtés, autrement dit vidés vivants, l'agonie des poissons peut durer une trentaine de minutes. L'énuquage consistant à trancher la moelle épinière derrière la tête n'est guère efficace. L'ancien pêcheur que je suis se souvient de poissons encore bien vifs des heures après l'opération.

Si on les a laissés agoniser trop longtemps, les poissons se vengent. Leur chair sera molle ou filandreuse. À moins que, comme les thons, ils ne développent des histamines qui provoqueront chez le consommateur des démangeaisons ou des accélérations du rythme cardiaque. Sans parler des allergies.

Olivier Otto, un aquaculteur de mes amis, qui a un élevage dans la rade de Toulon, est la première personne qui m'a parlé des poissons comme de personnes. Il a clairement un faible pour les daurades, « curieuses et vicieuses », qui vont se relayer pour mordre la même maille de filet jusqu'à ce qu'elle cède avant de s'attaquer à la plus proche, et ainsi de suite, afin que s'ouvre enfin le trou par lequel elles s'échapperont.

Vivant avec eux, Olivier Otto n'a jamais douté que les poissons souffrent. « Ils sont très sensibles au stress, dit-il. Exactement comme le bétail. Les Japonais ont compris ça depuis longtemps, qui se préoccupent beaucoup des conditions d'abattage. Pour que la chair soit ferme et sans toxine, il faut que leur mort soit douce. » Il endort donc ses bars et ses daurades dans un mélange de glace et d'eau de mer à 2 °C avant de les livrer à ses fournisseurs.

Nous sommes en train de découvrir les poissons. Depuis des siècles, l'espèce humaine n'a cessé d'explorer les océans et d'exploiter leur faune aux limites du raisonnable, jusqu'à la dernière arête. Mais elle ne connaissait rien de la vie qui grouille dedans, qu'elle a encore tendance à exclure du monde animal, lui portant à peu près la même considération qu'à des fruits et légumes. Et encore, elle manipule ces derniers avec plus de précautions, de peur qu'un choc ne les gâte et ne provoque des taches brunes.

Derrida, le brochet et moi

Quand je déjeunais avec Jacques Derrida, nous choisissions Le Dôme, un restaurant de poissons du boulevard du Montparnasse où rôdent les mânes d'Hemingway et de Giacometti. Sans parler des embruns que l'on y reçoit, par gros temps, en pleine figure. Aller là-bas, c'est aller à la mer.

Derrida et moi étions tous les deux à moitié ou aux trois quarts végétariens et je me souviens l'avoir étonné quand, un jour, je lui ai dit que j'étais en train d'éliminer la plupart des poissons de mon régime. Je me donnais bonne conscience en me limitant de plus en plus aux crustacés, bulots ou coquilles Saint-Jacques. Sans oublier les couteaux.

« C'est très con, un couteau, lui dis-je.

– Sans doute.

– En plus, ça n'a pas d'yeux. J'ai de plus en plus de mal à manger les bêtes qui en ont. Leur regard me poursuit.

– Vous ne mangez donc pas de sardines ?

– Parfois. Mais je suis en train d'arrêter les crustacés vivants. Les huîtres, par exemple. J'ai mal pour elles quand elles se rétractent sous mes dents. »

J'étais en train de m'enfoncer. Mes convictions étant, sur le sujet, très changeantes, j'ai toujours été incapable de soutenir une conversation sur la nature de mon végétarisme : mes interdits évoluent au gré des jours et des humeurs.

Avec l'un des plus grands esprits de notre temps comme Derrida, je me sentais pathétique et ridicule. Chaque fois que j'écartais de mon régime une nouvelle espèce de poisson, lui dis-je, c'était à la suite d'une expérience personnelle. Préférant le récit au maniement de concept, domaine où j'étais vite largué, je lui racontai l'histoire du brochet.

Un été, à la fin des années 1970, j'étais allé passer plusieurs jours chez une de mes sœurs, à Sioux Look Out, dans le nord de l'Ontario, au Canada. Le trou du cul du monde, d'une beauté à tomber, paradis des ours et des moustiques qui, le soir, vous collaient aux basques en nuages compacts, vous obligeant à accélérer le pas, parfois même à courir.

Le lendemain de mon arrivée, mon beau-frère m'invita à pêcher le brochet en canoë sur les lacs qui s'étendaient à perte de vue depuis sa maison en rondins. C'était un paysage étrange où la civilisation n'avait pas encore pénétré. Un mélange d'eau jaunasse et de végétation basse d'où pouvait surgir à tout moment un ours ou un caribou.

Ce fut une pêche miraculeuse, et encore, le mot est faible. On sortait de l'eau des brochets qui frisaient le mètre de long, et il fallait les assommer à coups de rame dès qu'on les avait hissés dans le canoë. Des bestiaux enragés. Ils gigotaient tellement que notre embarcation manquait régulièrement de chavirer. De plus, ils semblaient chercher nos jambes pour les mordre à pleines dents. Les miennes étaient en sang.

C'était comme un abattoir flottant. Quand les brochets paraissaient hors d'état de nuire, on leur plantait une lame de couteau en pleine nuque, on la tournait, puis on les accrochait par les branchies à une sorte d'arbre à crochets qui traînait dans l'eau derrière nous.

Je n'étais pas fier : j'avais cru bon d'emmener mon fils aîné Aurélien, alors âgé de trois ans, dans notre expédition sanglante. De nature courageuse, il était quand même mal à l'aise devant les monstres dentus que nous pêchions. Redoutant qu'il se noie si le bateau se retournait ou qu'il prenne un coup de mâchoire de brochet en colère, je finis par l'attacher à la proue, derrière moi.

C'était stupide. La seule décision intelligente eût été de retourner dare-dare à la maison en rondins. Mais mon excitation était à son comble, je ne pouvais faire machine arrière, je me disais que jamais plus je ne revivrais une pêche comme celle-là : c'était comme si tous les brochets du Canada s'étaient donné rendez-vous sous notre canoë.

Sitôt que nous jetions la ligne, ça mordait et il ne fallait jamais attendre longtemps avant que le brochet soit ferré. Qui n'a pas connu la vibration de la ligne ne sait rien du vrai plaisir du pêcheur. Une jouissance physique, doublée d'un sentiment de puissance. C'est un léger picotement, comme des fourmis dans le bras, qui grandit et se transforme peu à peu en grosses secousses : le poisson s'insurge, tire, s'enfonce, gigote et tourbillonne avant de s'abandonner enfin.

Mais les brochets ne lâchaient jamais l'affaire, ils refusaient pour la plupart de capituler.

Quand ils arrivaient près du bateau, ils continuaient à se débattre comme des diables. C'est pourquoi on tentait de les étourdir avant de les charger sur le canoë. Toujours en vain. Parfois, ils se démenaient tant que la ligne cassait au moment où on allait les transborder. Cela m'est arrivé deux fois.

La seconde fois, j'avais une excuse : c'eût été la plus grosse prise de la journée. Le brochet dépassait le mètre et, apparemment, pesait très lourd. Je le remontai avec précaution quand, à peine sorti de l'eau, il y retourna après un bond violent qui brisa la ligne.

Dès lors, il ne nous quitta plus. Un moment plus tard, je le revis sous le canoë, avec son leurre argenté et son hameçon doré accrochés à son bec de canard. Nos regards se croisèrent. Le brochet semblait plus pensif que menaçant, mais sa présence me mettait mal à l'aise.

« Je crois qu'on devrait lever le camp, suggérai-je à mon beau-frère sans lui dire pourquoi.

– De toute façon, on ne peut pas prendre plus de brochets si on veut pouvoir les ramener tous à la maison. »

Nous avons été prendre le soleil un peu plus loin, sur une île que bordait une plage de sable fin. C'étaient les Bahamas, sauf que la mer avait des reflets bruns. Avant d'accoster, je m'aperçus que le brochet nous avait suivis : il était reconnaissable entre tous avec son piercing à la bouche. Je ne m'inquiétais pas encore.

Une heure plus tard, quand nous fûmes remontés sur le canoë, je ne pensais plus au brochet mais au bout de quelques mètres, alors que je ramais, je croisai à nouveau son regard au fond de l'eau. Soudain, j'étais pressé de rentrer et demandai à mon beau-frère d'accélérer.

Sur le chemin du retour, quand mon regard fouilla l'eau, je tombai une dernière fois sur son œil de Caïn, perçant comme un poignard. Je ne savais s'il voulait me narguer, m'engueuler ou bien m'effrayer, mais il avait réussi à me troubler.

Quand, arrivés à destination, nous avons décroché notre douzaine de brochets de leur arbre à crochets, ils se sont tous mis à bouger : ils étaient encore vivants, comme dans ces films d'horreur où les méchants n'arrivent pas à mourir. Il a fallu les tuer une seconde fois avant de les transformer en filets que ma sœur congela.

Depuis, je n'ai plus jamais pêché.

« Je comprends, me dit Derrida. Mais avez-vous continué à manger du brochet ?

– Une fois ou deux, pas plus.
– Et du bar ?
– Exceptionnellement.
– Et du saumon ?
– Quand on m'en sert dans un dîner, pour ne pas faire d'histoires. »

Je me sentais stupide mais Derrida hocha la tête avec un bon sourire que j'interprétai comme un signe de complicité. Nous étions dans la même galère. Le végétarisme absolu est un combat impossible. Contre soi, contre ses proches, contre la société. Il faut le mener chaque jour et il arrive souvent qu'on le perde. Devant un petit poisson grillé, pour ce qui me concerne…

Vivre, c'est déjà tuer. Pour être respectueux de toutes les formes de vies, on n'en est pas moins homme. Ne serait-ce qu'en marchant dans la nature, nous écrasons des escargots ou dévastons des fourmilières. Nous ne sommes jamais totalement végétariens, en tout cas jamais très longtemps. À moins d'être doté d'une volonté de tous les instants, ce qui est manifestement au-dessus de mes forces.

Le vrai-faux végétarisme d'Hitler

Pour discréditer la cause animale, ses contempteurs soulignent volontiers qu'Hitler était végétarien et grand ami des bêtes, en particulier des chiens. Historiquement, c'est vrai.

Dans *Un éternel Treblinka*[1], l'historien Charles Patterson se tortille avec la rage du désespoir pour établir, contre toute évidence, qu'« Hitler n'a jamais été végétarien ». Or, il n'y a pas à mégoter, il l'était. Hélas pour la cause.

Il l'était avec les arguments traditionnels des végétariens contre la souffrance animale. Le Führer n'interdisait pas la viande à sa table mais, quand sa compagne Eva Braun en faisait servir, il la sermonnait souvent avant de

1. Calmann-Lévy, 2008.

raconter à ses convives sa visite d'un abattoir ukrainien, qui l'avait traumatisé.

Il n'était pas seulement végétarien par « sensiblerie », mot qui ne lui va pas, mais aussi, ce qui nous rassurera, par hygiène de vie : les médecins lui avaient prescrit un régime sans viande pour le prémunir contre les maux dont il souffrait régulièrement. Indigestion, flatulences, douleurs au ventre, crises de suées. Il mangeait surtout des fruits et légumes. Sa dernière cuisinière, la jeune diététicienne Constanze Manziarly, lui préparait régulièrement du muesli à base de noix, pommes et céréales.

Certes, Hitler n'était pas un « ultra » du végétarisme et s'autorisait parfois quelques dérogations à son régime. Amateur de boulettes de foie, il ne crachait pas non plus sur le caviar, le jambon, les saucisses ou les pigeonneaux farcis que cuisinait la chef britannique Dione Lucas qui, avant d'émigrer aux États-Unis où elle connut la célébrité, officia longtemps dans un hôtel d'Hambourg où il se rendait souvent au début des années 1930.

Première femme estampillée cordon-bleu, Dione Lucas écrivit plus tard dans un de ses livres de recettes : « Je ne veux pas vous gâcher l'appétit pour les pigeonneaux farcis mais vous serez peut-être intéressé de savoir que c'était le plat préféré de M. Hitler[1]. »

En somme, même s'il laissait accroire à son peuple qu'il ne mangeait pas de viande, il en tâtait, mais rarement et en cachette : l'honneur des végétariens reste à peu près sauf. Que Patterson et les animalophiles me pardonnent, je n'en ai cependant pas encore fini avec l'amour des animaux chez les nazis. À peine arrivés au pouvoir, en 1933, ils ont fait adopter une loi sur l'abattage des animaux, les protégeant « en tant que tels », pour eux-mêmes et par rapport aux hommes. Ont été votées aussi l'interdiction de la chasse à courre et celle de la vivisection sans anesthésie.

Que le régime hitlérien ait utilisé le combat pour le bien-être animal à des fins de propagande, c'est une évidence. On ne peut pourtant pas nier, encore hélas pour la cause, qu'il a fait preuve d'une certaine « compassion » sur cette question.

Ainsi, même s'il lui arrive de pratiquer cette activité pour des raisons « sociales », Heinrich Himmler, le concepteur de la Shoah, déblatère volontiers contre la chasse.

---

1. *The Gourmet Cooking School Cookbook*, Bernard Geis Associates, 1964.

Quand Felix Kersten, son extraordinaire masseur, lui fait remarquer, en 1941, que le sort du gibier reste enviable, comparé à celui des bêtes de boucherie, le Reichsführer répond avec emphase qu'il est prêt à devenir végétarien si cela peut aider à stopper les « massacres d'animaux[1] ».

Qu'il ne le soit pas tout à fait lui-même, cela n'empêche pas Himmler d'être végétarien pour les autres. Une note par lui rédigée l'année suivante décrète que, pour l'alimentation des SS, il faut « lentement et discrètement, de façon raisonnable », réduire « la consommation de viande pour les générations futures ». C'est ainsi qu'on en finira, écrit-il, avec « les erreurs et les errements vieux de plusieurs siècles[2] ».

« Œuvrant » pour le bien-être des bêtes, le IIIe Reich se prétendait aussi écologique et champêtre. Sous la haute autorité de Goering, numéro deux du régime, grand veneur et ministre des Forêts, promu en 1936 « commissaire en chef pour la protection de la nature, » il célébrait les animaux, les arbres et l'air pur

1. *The Kersten Memoirs, 1940-1945*, Doublebay, 1956, non traduit.

2. Peter Longerich, *Himmler*, Tempus, Perrin, 2013.

des forêts. Faut-il condamner tout cela pour autant ?

Le nazisme n'a rien inventé. Il n'a fait que suivre une vieille pente germanique qui remonte aux siècles des siècles, bien avant Charlemagne, et ce culte de la nature, fondement de l'identité nationale, n'a pas disparu, il s'en faut, avec la chute du régime.

Du nazisme, on retiendra en tout cas qu'il traitait moins mal les animaux que les Juifs, les Slaves ou les Tziganes. Avec leur statut d'*« Untermenschen »* (« sous-hommes »), ces derniers étaient placés, sur l'échelle hitlérienne, quelques barreaux en dessous des bêtes en général et des chiens-loups en particulier, que le Führer chérissait tant.

L'histoire officielle du nazisme rapportait qu'au Berghof, sa résidence des Alpes bavaroises, Hitler se préoccupait beaucoup des oiseaux pour lesquels il demandait que l'on cloue des niches en bois sur les arbres, en prévision des hivers rigoureux. Il se faisait aussi souvent photographier en train de jouer avec des chiens. Quand il ne nourrissait pas des biches ou des écureuils.

Surtout, il n'avait d'yeux que pour sa bergère allemande, devenue une sorte d'emblème du régime. « Dans les dernières années, affirme l'historien Ian Kershaw dans son magistral *Hitler*[1], il avait montré plus d'affection pour la chienne Blondi que pour aucun être humain, y compris probablement Eva Braun. »

Le 29 avril 1945, la veille de se donner la mort avec Eva Braun dans le bunker de Berlin, Hitler avait fait tester par Blondi le poison, une capsule d'acide prussique, qu'il allait utiliser pour sa compagne, devenue son épouse. Ce fut donc un suicide à trois, pas à deux.

En quoi l'amour d'Hitler pour les bergers allemands nuit-il à la cause animale ? Quel est le rapport avec la choucroute ? L'horreur que provoque ce régime est telle que la plupart des militants des droits des animaux refusent de voir la vérité en face, comme s'ils tremblaient à l'idée de trouver dans le IIIe Reich la trace d'une « humanité » que la Shoah a fait à tout jamais voler en éclats.

Je hais les soi-disant amis des animaux, frappés de régression mentale ou de ramollissement cérébral, qui ne portent d'intérêt qu'à leur toutou : leur prétendu amour des bêtes n'est qu'une pathologie grotesque qui les enferme et les éloigne du monde des

1. Flammarion, 2010.

vivants. C'était bien cette pente que suivaient les nazis.

Le rapport aux bêtes du IIIe Reich ne prouve donc rien. Qu'il soit régulièrement exploité par les ennemis des droits des animaux pour lesquels végétarien = nazi, cela relève de la basse polémique et montre qu'ils sont à court d'arguments. Mais rien ne sert de se voiler la face, comme Charles Patterson et tant de militants de la cause. Les lois nazies en faveur des bêtes, l'impressionnant réseau autoroutier et la monumentale architecture nationale-socialiste ne pèsent rien face à la Shoah et à l'extermination de masse.

L'éternel Treblinka des abattoirs

Ce sont des écrivains ou des penseurs juifs qui, après la Seconde Guerre mondiale, ont osé l'impensable : comparer la Shoah et l'abattage industriel.

De même que le IIIe Reich entendait déshumaniser les Juifs, notre système d'élevage et d'abattage a désanimalisé les bêtes. Je sais que je vais choquer, mais je crois que j'ai mieux compris la solution finale quand, à vingt ans, je visitai l'abattoir du Neubourg, en Normandie.

Les similitudes me crevaient les yeux. Le professionnalisme glaçant des tueurs. L'attente terrifiée des condamnés sur les rampes. La technologie au service de la mort industrielle. Les cris de l'autre monde dans les couloirs d'amenée. Je compris ce jour-là que les nazis traitaient les humains comme ceux-ci avaient jusqu'à présent traité les animaux.

J'entends déjà les clabaudements de la police de la pensée devant ce rapprochement prétendument scabreux, mais longue est la liste de ceux qui ont fait ce rapprochement, de Jacques Derrida à Vassili Grossman, en passant par Élisabeth de Fontenay, présidente de la Fondation pour la Mémoire de la Shoah, qui a écrit : « Oui, les pratiques d'élevage et de mort industrielles des bêtes peuvent rappeler les camps de concentration et même d'extermination, mais à une condition : que l'on ait préalablement reconnu un caractère de singularité à la destruction des Juifs d'Europe[1]. »

Sur cette question, celui qui a été le plus loin, est sans doute Isaac Bashevis Singer, prix Nobel de littérature 1978. Dans « The Letter Writer », une de ses nouvelles, il fait dire à l'un de ses personnages, après qu'il a comparé à des nazis les humains carnivores : « Pour les animaux, c'est un éternel Treblinka. » Le héros de son roman *Ennemies* répète également que « ce que les nazis avaient fait aux Juifs, l'homme le faisait à l'animal ».

1 *Le Silence des bêtes*, Fayard, 1998.

Fils d'un rabbin hassidique, Isaac Bashevis Singer a fui, en 1935, l'antisémitisme qui gangrenait la Pologne, pour émigrer aux États-Unis. Conteur hors pair, maniant l'humour et la fantaisie, il écrivit d'abord en hébreu, puis en yiddish, sa langue maternelle, et connut la notoriété seulement après que Saul Bellow, l'auteur génial d'*Herzog*, l'eut fait traduire en anglais.

Il ne trouvait pas normal que les humains fussent plus importants que les veaux, les poulets ou même les souris dont il fut un constant défenseur. À la fin de sa vie, devenu l'un des piliers de la cause animale aux États-Unis, Isaac Bashevis Singer écrivit dans son autobiographie, *Un jeune homme à la recherche de l'amour* : « Les vrais martyrs innocents sur cette terre sont les animaux et plus particulièrement les herbivores. »

Dans un autre genre, le philosophe Theodore Adorno, juif aussi, précisons-le, a tout dit de l'horreur des abattoirs quand il a écrit que le processus qui conduit au pogrom a commencé dès que le « regard d'un animal blessé à mort rencontre un homme[1] ».

Et Adorno d'expliquer : « L'obstination avec laquelle celui-ci repousse ce regard – "ce

1. *Minima Moralia*, Petite bibliothèque Payot, 2003.

n'est qu'un animal" – réapparaît irrésistiblement dans les cruautés commises sur des hommes dont les auteurs doivent constamment se confirmer que ce n'est qu'un animal. » Raisonnement que Charles Patterson a résumé dans une formule qui a fait florès et scandale : « Auschwitz commence quand un homme voit un abattoir et dit : ce ne sont que des animaux. »

Que cette analogie soit scandaleuse, tant mieux. Elle permet de mieux faire éclater la vérité que nous avons cachée dans un coffre-fort au fond de la cave : notre modèle d'oppression des animaux s'est toujours appliqué aux ethnies ou aux catégories d'humains que notre espèce a systématiquement bestialisées quand elle avait l'intention de les « génocider » ou de les réduire en esclavage.

Les outrances de Charles Patterson nuisent à son discours, mais il nous ébranle malgré tout, quand il rappelle les similitudes entre les méthodes des nazis et celles des abattoirs où tout est récupéré, les pelages comme les cheveux. Quand il insiste sur la dégradation des victimes qui, dans leur antichambre, attendent la mort industrielle. Quand il note, même si c'est hors sujet, qu'Henry Ford, antisémite notoire, s'inspira des chaînes d'abattage de

Chicago pour imaginer ses ateliers de fabrication de voitures de Détroit.

Selon Claude Lévi-Strauss, l'homme occidental a ouvert un « cycle maudit » quand il a voulu séparer l'humanité et l'animalité en retirant à la seconde tout ce qu'il attribuait à la première. C'est ainsi qu'il a fini par donner à des minorités toujours plus restreintes le privilège d'un humanisme perverti par son amour-propre. D'où le racisme, le nazisme, le spécisme et, pour être plus prosaïque, la monstruosité de notre système d'abattage, partout dans le monde et particulièrement en France.

La honte de la jungle

C'est peut-être le plus grand déni de nos sociétés occidentales : haut lieu de la mort industrielle, l'abattoir n'existe pas aux yeux du public. L'animal d'élevage non plus, qui reste invisible au fond de sa nuit, à l'intérieur d'une cage ou d'un box d'engraissage trop petits pour lui, jusqu'à ce qu'on l'amène au couteau, comme disent les paysans.

Pendant des siècles, les bouchers abattaient en ville, dans leur arrière-boutique, et le sang des bêtes coulait le long des caniveaux. Quand la mort n'était pas donnée en public, ce qui arrive encore dans certains pays. Il n'y a pas si longtemps, j'ai vu tuer un zébu aux pattes nouées, auquel le cœur fut percé devant la clientèle, à même le trottoir, dans un village du Guatemala.

Je me souviens du boucher de mon village normand, dans les années 1960, qui abattait ses vaches le lundi après-midi dans un petit local derrière son commerce. C'était un bon vivant et un as de la tuerie : on entendait un meuglement sourd, un bruit de chute, et puis plus rien. Le Mozart du merlin.

Quand vint le temps de l'hygiénisme et des réglementations, ce type d'abattage en loucedé, pour parler l'argot des bouchers, fut interdit. La tuerie devint le monopole des abattoirs, installés souvent au cœur des villes, à l'instar de la Villette à Paris. Des usines de la mort qui avaient quasiment pignon sur rue et autour desquelles rôdait une faune d'amateurs venus se rassasier sur place de sang frais, servi au verre, pour lutter contre une anémie rampante et se donner du fer, des couleurs ou de la virilité.

Les alentours des abattoirs pullulaient de restaurants de viande fraîche, à défaut d'être encore tiède. Mais les citadins ont fini par ne plus souffrir cette promiscuité beuglante et malodorante. Elle leur donnait des vapeurs ou des haut-le-cœur. Les tueries se sont peu à peu éloignées des villes.

Aujourd'hui, par un incroyable tour de passe-passe, la plupart des humains se remplissent le ventre de chairs mortes de bêtes dont ils ignorent comment elles ont été tuées. L'abattoir est l'une des dernières terres inconnues de nos démocraties. Une zone de non-droit aussi, on le verra : tous les coups y sont permis.

En plus, il est notre mauvaise conscience. C'est pourquoi nous l'avons zappé. Tout est fait pour que nous ne croisions jamais le regard d'une bête de boucherie. Dans *La Chair et le Sang*, une remarquable étude des abattoirs des pays de l'Adour, dans le Sud-Ouest, l'anthropologue Noëlle Vialles montre que les abattoirs sont entre deux mondes. Il y a le « devant », le secteur « propre » où les camions frigorifiques se remplissent de carcasses, et il y a l'« arrière », le secteur « souillé » qu'on ne peut voir de la route et où les bêtes sortent des bétaillères pleines d'immondices pour aller clopin-clopant à leur triste sort.

La vie, si on peut l'appeler comme ça, de la bête à manger, est un secret bien gardé. Sa mort mêmement. De ce côté-là du monde, l'abattoir est un lieu à peu près aussi ouvert que Fort Knox ou le centre opérationnel de la CIA. N'entre pas qui veut. Les curieux ou les journalistes sont repoussés sans ménagement. Le mot d'ordre : « Circulez, y a rien à voir. »

Le consommateur lui-même n'a pas le droit de savoir si la viande qu'il mange provient d'une bête saignée après avoir été étourdie ou, pour respecter les règles des abattages rituels, égorgée à vif. Il n'a pas même le droit de savoir où elle a été élevée puis tuée.

Observez les étiquettes de la bidoche vendue dans la grande distribution : aucune mention de ces détails qui, apparemment, relèvent du secret d'État. On a plus d'information sur l'origine d'un poireau ou d'un melon.

La transparence est pourtant l'idéologie de la modernité. Son cri de ralliement aussi. Partout, mais surtout pas dans les abattoirs qu'on ne saurait voir. Ne serait-il pas temps d'instituer une traçabilité, ne serait-ce que pour les conditions d'abattage ? C'est à peine si le sujet est abordé, et encore, avec des pincettes, quand un grand média évoque la condition animale. Il ne faut surtout pas troubler la digestion du client ni lui faire avaler son foie de veau de travers.

L'abattoir et la transparence n'ont jamais fait bon ménage. Il suffit d'en visiter un pour comprendre la raison de cette omerta : quelques rares cas mis à part, c'est une épreuve. Je me souviens d'un paysan qui, voisin de mon ancienne ferme normande, près de Routot, sur le plateau du Roumois, raillait gentiment mon végétarisme. C'était dans les années 1980. Il faisait du veau sous la mère avec des charolaises. Un jour, à la suite d'une panne de la bétaillère de son chevillard, il fut obligé d'amener lui-même ses bêtes dans une carriole à l'abattoir du Neubourg, non loin de là. Il en revint bouleversé, comme s'il avait vu l'Enfer de Dante.

Certes, il y a abattoir et abattoir. Le maire de Sisteron, mon ami Daniel Spagnou, m'ayant un jour vanté les mérites de celui de sa ville, numéro un français pour la viande ovine, j'y ai passé plusieurs heures en 2001, comme par défi, à chercher – pardonnez-moi – la petite bête. Ce qui me frappa d'abord, ce fut le silence. Pas un cri ne sortait du bâtiment qui, sans les camions frigorifiques postés devant, aurait pu passer pour une imprimerie ou une fabrique de chocolat.

Après être allé d'un poste à l'autre, de la tuerie proprement dite jusqu'à la pesée de la carcasse, la vérité m'oblige à reconnaître que je n'ai rien trouvé à redire. Il y avait là une atmosphère d'hôpital, un mélange de rigueur et de respect, j'allais parler de compassion mais il ne faut quand même pas trop demander à des personnes dont la mort est le métier.

Au bout d'un certain temps, elle devient une habitude.

Un abattoir « humain », est-ce possible ? Aux États-Unis, l'universitaire Temple Grandin, grande spécialiste du monde animal, a établi une liste de règles à suivre. En accompagnant les bêtes jusqu'à leur sacrifice, elle a découvert que leur font peur, surtout, les bruits métalliques, les alarmes de recul des camions, les chaînes qui pendent, les reflets brillants sur l'eau, les petits objets qui traînent par terre, les différences de sol, les gens qui s'agitent devant eux ou encore les entrées de couloir trop sombres.

Force est de constater que, dans la plupart des abattoirs, rien n'est fait pour calmer les bêtes qui, souvent, paniquent dès leur sortie de la bétaillère, fabriquant de la sorte des toxines en tout genre. Pas de sentiment, il faut d'abord du rendement.

Certes, il y a des exceptions, ainsi dans les abattoirs où des bouchers sensibles, comme le célèbre Hugo Desnoyer, le meilleur avocat de la profession, traitent leurs bovins avec égard et en musique – classique, de préférence – jusqu'à l'instant fatal. Ou bien à Sisteron où régnait, je me souviens, un silence de mort, c'est le cas de le dire, tandis que le tueur saignait toutes les dix secondes, en début de chaîne, les ovins qui avaient été préalablement anesthésiés.

L'abattoir de Sisteron est l'un de ceux, rares, où tout est fait pour éviter le stress des animaux. Concernant les moutons, la méthode la plus « humaine » consiste à les amener au poste d'abattage par l'entremise d'un « Judas » qu'on appelle aussi « comédien » qu'ils vont suivre tranquillement. Là, ils empruntent un tapis roulant qui, après un tournant, débouche sur une plate-forme où l'anesthésiste leur plante des deux côtés de la tête ses pinces à électronarcose dont l'effet durera plusieurs secondes.

À peine le temps de souffler, ils sont déjà sur la table de saignée, où un deuxième homme suspend leurs pattes aux crochets de la chaîne, tandis que le tueur les prend par le museau pour leur trancher la gorge d'une oreille à l'autre. L'opération se déroule en moins de temps qu'il n'en faut pour le dire et, un quart d'heure plus tard, la carcasse qui gigote encore est prête pour le frigo.

Mais pour un abattoir comme celui, modèle, de Sisteron, combien d'usines de mort, sales et sordides, où des marées de bêtes épouvantées, les yeux exorbités, les pattes tremblantes, viennent s'échouer, au milieu de hurlements de l'autre monde, dans un cloaque de fèces, de tripes et de sang ? Jamais l'humanité des animaux n'apparaît plus grande que dans ces endroits-là : face à l'épouvante, ils deviennent nos frères et nos sœurs. Des damnés de la terre.

Quand les bêtes de boucherie avancent de leur pas lourd dans le couloir d'amenée vers leur horrifiant destin, la trouille aux tripes, les poils hérissés, le cul plein de merde, on ressent plus que jamais notre cousinage, nos ressemblances. Ils ont les mêmes yeux que nous devant la mort.

À défaut d'être notre mauvaise conscience, l'abattoir est en tout cas, à quelques exceptions près, la honte de la jungle.

Le halal en marche

Il y a plusieurs années, commençánt à enquêter sur le monde de la viande pour un livre que je n'ai finalement pas écrit, j'avais visité un grand abattoir. Je ne dirai pas où, vous allez comprendre pourquoi.

Droit dans ses bottes, en pleine force de l'âge, la poignée de main rustique et franche, le patron semblait dépassé par les événements : « On est en plein halal en ce moment et on a pris beaucoup de retard. J'aimerais que vous reveniez plus tard.

– J'ai été élevé à la campagne, vous savez. Je peux tout voir.

– Non, je ne veux pas. Notre métier est déjà très difficile mais avec ce qui se passe maintenant, il est en train de partir en vrille. »

J'insistai. Il me laissa assister à un abattage rituel de bœuf, une abomination. Je tremblais comme une feuille quand il me reconduisit à la sortie de l'établissement, avec un air honteux qui signifiait : « Désolé, je vous avais prévenu. »

Il me donna rendez-vous l'après-midi pour les abattages « normaux ». Une heure plus tard, quand, décidé à ne pas me faire plus de mal, je l'appelai pour annuler, il laissa tomber :

« Je vous comprends. »

Aujourd'hui, je l'ai vérifié, cet honnête homme est toujours à la tête de son abattoir. Je le plains. Moi-même, j'ai honte : d'un naturel plutôt fanfaron, voire téméraire, j'ai rapidement laissé tomber mon enquête. Par manque de courage : je n'étais pas à la hauteur.

L'abattoir est un lieu terrifiant où tout est possible, surtout le pire, notamment quand il produit du halal. Les souvenirs que je garde de mes quelques visites m'ont ôté à jamais toute envie de viande. Le nouveau-né qui, mélangé aux boyaux, dégringole du ventre de la vache pleine. Le mouton à moitié égorgé, qui s'enfuit, poursuivi par le tueur. Le veau qui pleure à chaudes larmes devant le sacrificateur, quand il ne cherche pas à téter ses doigts.

Ce sont des scènes qui remontent dans ma tête, chaque fois que je vois de la viande dans une assiette. Je ne parle pas des sorties de bétaillères avec les flots de veaux qui, après avoir passé leur courte vie dans une petite boîte, ne savent pas marcher. Ou bien les brebis écrasées par leurs congénères pendant le transport, qui restent par terre, incapables de se relever. Dans l'industrie de la mort, les cadences sont infernales, c'est le mot, et rares sont les professionnels qui prennent la peine de respecter les lois en vigueur.

L'application trop stricte des directives retarderait le fonctionnement de la chaîne qui s'arrête au demeurant assez souvent. Une bête ratée, un incident mécanique ou une pause de l'abatteur pour aiguiser son couteau, c'est du temps, donc de l'argent perdu. Pas question de traîner. Sinon, les marges baissent. Contrairement à la réglementation en vigueur, des bêtes sont parfois suspendues vivantes au rail pour être saignées tandis que d'autres entrent dans le processus d'habillage, autrement dit le dépouillement et l'éviscération, alors qu'elles ne sont pas encore mortes. Sans parler du porc qui, mal étourdi et à peine saigné, se retrouve dans l'eau à 60 °C du bac d'échaudage.

Quant au décret de 1964 prévoyant que les bêtes se reposent au moins douze heures dans les bouveries pour se remettre du transport, il n'est pratiquement jamais appliqué. Si elles arrivent à l'abattoir trop tard pour être « traitées », elles sont reléguées dans des parcs d'attente sans eau, ni fourrage, ni litière pour être tuées le lendemain, quand ce n'est pas le surlendemain. Passons sur les invitations jamais suivies des pouvoirs publics à limiter l'usage des aiguillons électriques pour faire avancer les bêtes, notamment vers ce qu'on appelle le « piège » : elles les ont dans le cul, ça leur donne des ailes.

De plus en plus répandue, la pratique de l'abattage rituel a désorganisé davantage encore le système. Qu'elle soit casher dans le rite juif ou halal dans le rite musulman, cette méthode consiste à saigner la bête à vif sans l'avoir étourdie, au prix de souffrances supplémentaires qui, bien sûr, sont niées contre toute évidence par les autorités religieuses.

Comment en est-on arrivé là ? Avant toute chose, qu'on ne se trompe pas de coupable : c'est notre société tartufière qu'il faut mettre en question. Pas notre classe politique qui, même si elle a bon dos, n'y est pour rien. D'autant moins que, ces dernières années, l'agriculture française a eu la chance d'avoir des ministres de haut vol, j'allais dire de premier choix, sensibles à la souffrance animale, qui ont fait ce qu'ils pouvaient, en essayant d'éviter les polémiques préjudiciables à leur secteur, ce qui est tout à fait normal : Bruno Le Maire à droite ou Stéphane Le Foll à gauche sont des personnalités remarquables.

J'ai sous les yeux un rapport tamponné « confidentiel »[1] qui a été commandé en 2011 par Bruno Le Maire, alors ministre, au Conseil général de l'alimentation, de l'agriculture et des espaces ruraux. Un texte où chaque mot est pesé, écrit par l'élite vétérinaire du pays. On peut y lire :

« Alors que la demande de viande halal ou casher devrait correspondre à environ 10 % des abattages totaux, on estime que le volume d'abattage rituel atteint 40 % des abattages totaux pour les bovins et près de 60 % pour les ovins. Ce qui ne devait être qu'une dérogation s'est généralisé. »

Ce sont là les chiffres d'un rapport « confidentiel » publiés par la plus haute autorité en la matière. Des chiffres aléatoires parce que reposant pour l'essentiel sur des méthodes

1. CGAAER, n° 11167.

déclaratives. Depuis la parution du rapport, il n'est pas douteux qu'ils ont encore augmenté. Le casher reste marginal mais le halal, lui, est en marche et rien ne l'arrêtera.

Dans leurs discours officiels, les pouvoirs publics et les professionnels de la viande minimisent évidemment la gravité de la situation avec des statistiques truquées ou tronquées, reprises complaisamment par nos chers médias : il ne faut pas affoler les populations ou « stigmatiser » des minorités, fussent-elles intégristes.

Même si elle n'est pas convertie à l'islam et au judaïsme, la France mange donc régulièrement halal ou casher. Je sais que je vais me faire traiter de tous les noms, mais que ce scandale perdure et s'aggrave au mépris des lois, c'est bien le signe que notre honneur et notre dignité se sont dissous dans le laisser-aller général comme dans de la chaux vive.

Sur trois animaux tués de manière rituelle, deux carcasses seront consommées par des personnes qui ne sont pas plus musulmanes que juives, selon le vieux principe, d'ordinaire appliqué aux enfants : « Tais-toi et mange. » Je ne voudrais pas aggraver mon cas en troublant davantage les plaisirs carnassiers des amateurs, mais ils doivent savoir qu'en tranchant l'œsophage, contrairement à ce qui se pratique dans l'abattage normal, les tueurs religieux prennent un risque sanitaire, notamment quand il s'agit des moutons dont le contenu de l'estomac a tendance à refluer, souillant la coupe de bactéries.

L'halalisation galopante des abattoirs français a d'abord une cause objective : plus nombreux dans notre société, les musulmans dédaignent les morceaux à rôtir, de même que les juifs se sont toujours interdits de manger l'arrière-train, à moins qu'en soit extrait le nerf sciatique, opération onéreuse et compliquée. Les parties de la carcasse qui ne conviennent pas aux deux communautés sont donc remises dans le circuit, ni vu ni connu.

Ensuite, il faut incriminer la complicité et la passivité d'une grande partie de l'opinion, que résume la phrase, toujours proférée avec une moue de dégoût : « Et si on parlait d'autre chose ? » Nous ne mangeons que ce que nous méritons.

Enfin, la cupidité fait le reste, avec ses logiques financières et sa course éperdue à la productivité : le halal est plus simple, donc plus rentable pour l'industrie de la viande, qui n'a pas à se compliquer la vie avec deux chaînes d'abattage parallèles, l'une rituelle, l'autre conventionnelle. La règle est désormais le halal pour tous. Les bêtes passent directement à la saignée en sautant l'étape de l'étourdissement. Un poste de moins, c'est tout bénéfice.

Cette simplification de la chaîne d'abattage achoppe néanmoins sur plusieurs difficultés dont la souffrance animale, bien plus élevée avec le rituel, n'est pas la moindre. Elle n'a pas échappé aux rédacteurs du rapport « confidentiel » destiné à Bruno Le Maire, qui recommandent, en se tortillant, « de maintenir l'exception à l'obligation d'étourdissement préalable à l'abattage pour les pratiques rituelles conformément aux orientations du législateur, sous réserve que les éléments scientifiques disponibles mettent en évidence que le processus ne soit pas la cause de souffrance évitable lors de l'abattage, comme le prévoit l'article L214-3 du code rural ». Sous réserve que… Qu'en termes chantournés ces choses-là sont dites !

S'il lui faut une dérogation, c'est bien parce que l'abattage rituel est en contradiction avec le code rural : « Toutes les précautions doivent être prises en vue d'épargner aux animaux toute excitation, douleur ou souffrance évitables pendant les opérations de déchargement, d'hébergement, d'immobilisation, d'abattage ou de mise à mort. »

Il va de soi que la plupart des médias, plutôt que d'enquêter, ont fait de la surenchère dans la désinformation bien-pensante sur le thème : « Les bêtes saignées sans étourdissement ne souffrent pas puisqu'elles perdent aussitôt conscience. » La preuve, ajoutent certains, c'est qu'elles ne crient pas. Quand on a les cordes vocales tranchées, c'est en effet difficile.

Ces plaisantins prétendent que l'agonie des animaux ne dépasse jamais plus d'une dizaine de secondes. Dans les abattoirs, le personnel assure que l'état de conscience des bovins saignés peut, dans certains cas, durer une quinzaine de minutes, parfois plus encore.

L'agonie du taureau sera ainsi plus longue à l'abattoir que dans l'arène d'une corrida où son supplice ne durera pas plus d'un quart d'heure, c'est la règle. N'étant pas aficionado, j'implore les croisés anticorrida d'arrêter de toute urgence de manger de la viande rouge avant de s'en prendre aux toreros. De grâce, un peu de cohérence ! Ils me font penser à ces aoûtiens qui se plaignent des invasions de méduses sur les plages méditerranéennes en engloutissant de grosses tranches de thon rouge, l'un de leurs rares prédateurs.

J'aimerais que les adversaires de la corrida combattent l'abattage rituel avec la même ardeur. S'ils aiment les bovins, ce serait logique de leur part. Quant à ceux qui militent contre la chasse, qu'ils me pardonnent, mais il faut le reconnaître : le sort du gibier percé par une balle en pleine nature est quand même infiniment plus enviable que celui d'une bête égorgée à vif, après une longue attente, au milieu des hurlements.

Comment peut-on tolérer ça ? Que sommes-nous devenus pour imposer de tels sévices aux animaux de boucherie ? Que nous est-il arrivé pour que nous retombions, au nom de superstitions religieuses, dans un état de bestialité qui rappelle les premiers âges de l'humanité ? Pourquoi cette régression ? Pouvons-nous encore nous regarder dans la glace ?

Je serai toujours étonné par le nombre de sourires suffisants, teintés de mépris, que provoque ce genre de discours. Je passe sur les railleries. Je n'entends pourtant empiéter sur la liberté alimentaire de personne, je réclame simplement du respect pour les bêtes à manger de la naissance à la tuerie. Mais notre société refuse de voir la réalité, elle s'en lave même les mains. Tels sont les effets d'un cynisme ou d'une lâcheté sans nom.

« Comme dans un miroir griffu »

Si c'est une ironie de l'Histoire, elle n'est pas drôle : après avoir décrété solennellement la séparation de l'Église et de l'État en 1905, les Français mangent désormais, pour la majorité ou presque d'entre eux, de la viande certifiée religieuse, provenant de bêtes tuées vives par des sacrificateurs assermentés, selon un rite très particulier.

Mieux encore : chaque kilo de viande obtenu de cette façon est taxé par l'islam. Entre dix et quinze centimes, ce qui fait plusieurs dizaines de millions d'euros de revenus par an pour les autorités religieuses. La moitié au moins de la viande étant halal, tous les carnivores cotisent donc pour l'islam un steak sur deux.

Tel est le prix à payer pour une viande d'animaux dont les conditions déplorables d'abattage ont, de surcroît, dénaturé la qualité. C'est la triple peine.

Je ne dis là que des vérités incontestables et nullement insultantes. Je ne les écris pas pour dénoncer des religions, mais des pratiques obscurantistes que nous avons laissées se développer, sur fond de pleutrerie, de laxisme, de démission morale et de politiquement correct. C'est ainsi que s'est s'installé dans nos abattoirs un fait accompli sur lequel on ne reviendra pas de sitôt.

Nous sommes tous coupables. L'homme moderne ne souffre pas que des fèces poissées de sang souillent ses chaussures cirées. Pas question d'avoir affaire à la mort, il faut la chasser de son champ de vision. C'est pourquoi les vieux sont souvent expédiés, avant de calancher, à l'hôpital public ou dans des institutions dédiées à cet effet. Quand à l'abattage des bêtes, il n'a pas plus droit de cité dans nos métropoles que dans les médias ou dans les discours de notre classe politique, toujours prête à célébrer, au demeurant à juste titre, les exploits de l'agroalimentaire français. J'entends déjà monter le gargouillis des autruches : « Le halal n'est pas une priorité, il y a quand même des choses plus importantes à régler auparavant. »

Certes. Notons, soit dit en passant, que c'est l'argument dont se sont toujours servis, pour ne rien faire devant les pires infamies, les esprits mollasses et les bras ballants. Il faudrait que je me calme. Je sens que plusieurs lecteurs sont en train de m'abandonner, tandis que d'autres s'impatientent. Pardon, mais je ne fais que commencer. Peu m'importe de jeter un froid ; il est temps de briser la chape de sang et de plomb qui pèse sur la question de l'abattage.

Rares sont les œuvres qui, dans le passé, ont osé traiter de l'abattage, sujet tabou entre tous. Insoutenable est *La Jungle*, le roman d'Upton Sinclair, sorti en 1905, qui raconte de l'intérieur les abattoirs de Chicago. Insoutenable est *Le Sang des bêtes* de Georges Franju, un film sorti en 1949, qui montre la vérité des abattoirs parisiens de l'époque, Vaugirard et la Villette. Quant aux bouleversants récits de Pierre Gascar, rassemblés sous le titre *Les Bêtes* et publiés en 1953, ils sont pratiquement inconnus au bataillon de la littérature. Jamais, pourtant, on n'a aussi bien parlé, sans pathos, avec une sorte de tendresse effarée, de la tuerie d'un veau, d'un bœuf ou d'un agneau. Autant d'animaux où « nous retrouvons, dans l'étonnement de la fraternité, notre propre face tourmentée, comme dans un miroir griffu ».

Au XXe siècle, ce qui se passait dans les abattoirs n'était pas joli-joli. Mais au XXIe, avec la folie du halal, c'est bien pire encore. Toujours si prompte à s'indigner, notre société préfère pourtant fermer les yeux.

Elle n'a pas envie de creuser. Dans la part honteuse d'elle-même, elle est terrifiée par ce qu'elle appréhende de découvrir dans les abattoirs à l'heure du halal généralisé. Elle se laisse donc berner de son plein gré par l'industrie de la viande qui fait dire ou écrire par des « vétérinaires » ou par des « journalistes » à sa botte que l'abattage rituel est pratiquement indolore pour les animaux. Qu'ils meurent instantanément. Que leur viande n'en est que meilleure. Que tout le monde en redemande.

La médaille d'or dans ce domaine revient à Yves-Marie Le Bourdonnec, le boucher des bobos, quand il déclare que le mode d'abattage ne change pas le goût de la viande et n'a même « aucune incidence sur sa qualité ». « Néanmoins, ajoute-t-il aussitôt dans un sursaut d'honnêteté, ce qui est fondamental, c'est que la bête ne soit pas stressée. » Or, aujourd'hui, avec les « cadences infernales »,

« mille à deux mille abattages par jour dans les grandes structures, » on n'a plus le temps comme autrefois « d'étourdir dans les règles de l'art »[1]. Alors, va pour le halal…

Si l'on comprend bien le boucher branché, l'industrie de la viande est débordée. N'ayant pas le temps de bien faire, elle tue donc à la va-comme-je-te-pousse. C'est pourquoi le halal n'est pas un mal : il permet d'accélérer les cadences, voilà tout. Finissons-en avec les chichis, allons au plus vite, égorgeons sans attendre. Bran pour la morale et la sensiblerie ! Qu'importe la méthode d'abattage, qu'importe la dignité de l'homme, qu'importent aussi le stress ou la souffrance des bêtes pourvu qu'on ait nos grillades, et que ça saute !

M. Le Bourdonnec nous ressert le discours léniniste sur la fin qui justifie les moyens. Il est vrai que l'industrie française de la viande bénéficie d'un statut particulier : cinquième sur le plan mondial, elle rappelle volontiers, pour se faire pardonner ses errements ou ses manquements, sa part non négligeable dans notre PIB.

---

1. Interview de Victoria Gairin pour Le Point.fr, le 12 mars 2012.

Bien organisée, elle n'a pas son pareil pour embrouiller son monde. Elle a des ramifications partout, jusque dans les milieux universitaires où des scientifiques renommés, tel Jean-Marie Bourre, grand nutritionniste et membre de l'Académie de médecine, nous exhortent à manger, pour le bien de notre cerveau, des produits tripiers, des charcuteries ou de la viande rouge, avant de conclure, sans rire : « Non, vous ne devez pas vous transformer en herbivore, sauf à compromettre le développement et l'harmonie de votre cerveau[1]. »

Les médias embrayent volontiers. En août 2006, *Le Monde 2* a ainsi ouvert ses colonnes sur neuf pages à Jean-Marie Bourre pour qu'il tire la sonnette d'alarme sur la dangereuse carence en fer qui menace l'espèce humaine. Il y a, paraît-il, urgence : pour un peu, la survie de notre espèce serait en question. C'est pourquoi il nous recommande de nous bourrer – pardon de n'avoir pu résister – de viande rouge au moins trois fois par semaine et, surtout, de la charcuterie, beaucoup de charcuterie, un « aliment essentiel ». Grâces soient

1. Jean-Marie Bourre, *Les Aliments de l'intelligence et du plaisir*, Odile Jacob, 2001.

rendues au cholestérol et aux graisses animales saturées. C'était la moindre des choses de la part du président du Centre d'information sur les charcuteries !

Pour en finir avec l'abattage rituel

Ni le judaïsme ni l'islam, fût-ce dans leur version intégriste, ne cherchent par essence à faire souffrir les animaux. Les bigots qui plaident pour l'abattage rituel sont de pauvres bougres que je plains comme je plains les intégristes de toutes obédiences. Ils s'accrochent à la tradition comme les pendus à la corde. Ils ne savent pas ce qu'ils disent.

Nombreux sont les pseudo-rapports publiés par des autorités juives ou musulmanes sur l'abattage rituel. Tous plus pathétiques les uns que les autres, ils expliquent, au mépris des faits, que l'égorgement sans étourdissement permet de réduire le stress des animaux, d'atténuer leurs souffrances et d'assurer une meilleure hygiène de la viande. Le ridicule n'ayant jamais tué personne, pas même les intégristes qui en repoussent sans cesse les limites, les auteurs de ces textes à prétention plus ou moins scientifique n'ont donc rien à craindre...

Les partisans de l'abattage rituel juif se réfèrent au Talmud : « L'interdiction de faire souffrir un être vivant est un ordre de la Torah. » Moyennant quoi, ils prétendent que la *shehita* (saignée sans étourdissement) provoque une mort rapide. Elle se produirait quelques secondes après l'acte dit de jugulation effectué par un *shohet* (abatteur rituel), habilité par la Commission rabbinique et les services vétérinaires du ministère de l'Agriculture. Ces sornettes relèvent, bien sûr, plus du conte pour enfant que de l'étude sérieuse.

Pour l'abattage rituel, la bête, s'il s'agit d'un bovin, est d'abord immobilisée dans un box de contention, une sorte de gros tonneau, qui effectue une rotation à 180 degrés pour qu'elle se retrouve sur le dos, la tête en bas, sortie du cylindre par un système de guillotine. Ensuite, le *shohet* réalise une incision sur le cou, puis coupe en une seule fois, sans aller et retour, la trachée et l'œsophage.

Au milieu d'une bordée de foutaises, les « ritualistes » avancent souvent un argument pour leur cause, comme dans ce document de 2002 du B'nai B'rith, la plus ancienne organisation juive du monde. Préfacé par le grand rabbin Gugenheim, ce texte a été rédigé par des vétérinaires ou des représentants de l'industrie de la viande. Notant que les cadences des abattoirs ne laissent pas de répit au personnel, le texte observe que « lorsque l'animal paraît insensibilisé à la douleur, les techniciens ne craignent plus de lui faire du mal et prennent moins de précautions : la section est alors moins précise et rigoureuse que dans la *shehita* ». N'insistons pas.

L'abattage rituel islamique présente beaucoup de similitudes avec la *shehita*. « Vous ne mangerez d'aucune bête morte », ordonne le Deutéronome au peuple d'Israël. Pour le halal, autrement dit ce qui est licite, les musulmans obéissent, eux, à la cinquième sourate du Coran, qui interdit de manger « les animaux morts, le sang, la chair de porc, tout ce qui a été tué sous l'invocation d'un autre nom qu'Allah, les animaux suffoqués, assommés »...

La viande n'est halal qu'aux conditions suivantes :

– La mort doit être donnée par un tueur musulman, connaissant les méthodes d'abattage de l'islam.

– L'animal à abattre doit être autorisé par la loi islamique, c'est-à-dire n'être pas un âne, ni, surtout, un porc qui est une « souillure » selon la sourate des troupeaux.

– L'animal doit être vivant au moment de l'abattage, la tête orientée vers La Mecque.

– L'invocation « au nom d'Allah » (« Bismillah ») doit être prononcée avant le sacrifice de l'animal.

– L'instrument utilisé pour l'abattage doit être bien aiguisé.

– L'abattage consiste à couper l'œsophage, la trachée, les veines et les artères du cou.

Entre la *shehita* et le halal, les abattoirs français sont ainsi devenus peu à peu des annexes religieuses où les consommateurs laïcs, croyants, agnostiques ou anticléricaux sont pris en otage. Les animaux aussi.

Il y a des bêtes plus faciles à tuer que d'autres. Alors que l'oiseau peut mourir d'émotion dans la main qui vient de le prendre, le chat n'arrive pas à mourir. Les vaches, les bœufs et les veaux non plus. Observez leur cousin le buffle. Aux prises, dans la savane africaine, avec un groupe de lionnes qui, les crocs plantés sur son dos, sa gorge ou son arrière-train, commencent à le manger vivant, il résiste toujours très longtemps, aux limites de l'imaginable.

Le bovin est le cauchemar de l'abatteur rituel. Il se meurt mais ne se rend pas. C'est à cause de ces particularités qu'avant d'être égorgé il a été, de tout temps, étourdi au merlin ou, depuis plusieurs décennies, avec un pistolet à tige perforante de 8 à 13 cm. Son endurance exceptionnelle en fait un animal impropre à l'abattage rituel. Le martyr de nos abattoirs halalisés.

Comme mon objectivité peut être sujette à caution sur la question de l'abattage rituel, je préfère citer à nouveau le rapport « confidentiel » du Conseil général de l'alimentation, de l'agriculture et des espaces ruraux, que devraient lire tous les carnivores, même si, en l'espèce, il n'évoque qu'une saignée « idéale » de bovin, sans tenir compte de tous les loupés, nombreux dans les abattoirs :

« L'égorgement lui-même est douloureux :

– l'incision active le système nociceptif et provoque une douleur majeure ;

– la contraction de la plaie est très douloureuse ;

– l'invasion du sang dans les poumons provoque une sensation d'étouffement.

La perte de conscience liée au déficit du cerveau en nutriments et en oxygène est lente.

L'activité cérébrale disparaît au bout d'un temps très variable, de 20 secondes à 6 minutes entre les individus (en moyenne 2 minutes), ce qui paraît suffisant pour que l'animal ressente anxiété, détresse et douleur.

Chez les veaux, les délais avant la mort (encéphalogramme plat) varient de 35 secondes à plus de 11 minutes après égorgement.

La lenteur de la perte de conscience s'explique par plusieurs facteurs :

– la vasoconstriction compense la perte de sang et augmente le rythme cardiaque, ce qui prolonge l'activité cérébrale et donc la perception de la douleur ;

– chez les bovins, les artères vertébrales ne sont pas sectionnées lorsque l'incision se fait au niveau de l'apex du cou ; les différentes anastomoses entre les vaisseaux vertébraux et cervicaux permettent aux artères vertébrales de continuer à apporter du sang au cerveau même lorsque les carotides sont sectionnées ;

– un certain nombre d'autres phénomènes (caillots sanguins dans la carotide, plaie de saignée refermée lors de la chute de l'animal) peuvent encore ralentir la perte de conscience. »

Le pire est encore à venir. Pour gagner du temps et ne pas casser la cadence, confirme le rapport, on n'attend pas toujours, on l'a vu, que l'animal saigné rituellement soit bien mort avant de commencer les opérations de dépeçage et la coupe des deux pattes avant.

De plus, quand le bovin a été retourné sur le dos dans son cylindre de contention pour être saigné la tête en bas, le même rapport assure que ses taux de cortisol sont quatre fois supérieurs à ce qu'ils sont dans des conditions standards. Un taux élevé de cette hormone, qui régule l'organisme dans les situations de stress, favorise notamment l'ostéoporose ou la rétention d'eau. Sans parler des tumeurs, des adénomes, des AVC, des infarctus ou des maladies neuropsychiatriques.

La bête morte qui a beaucoup souffert n'est pas bonne pour la santé. Si cette constatation médicale permet de faire avancer la cause animale, tant mieux, mais ce n'est évidemment pas le fond du problème : l'ignominie de notre attitude face aux animaux non humains.

Qu'est-ce qui autorise notre espèce à les torturer de la sorte ? Comme disaient jadis les staliniens aux mains rouges, on ne fait pas d'omelettes sans casser des œufs. Tel fut pendant longtemps le discours dominant qui sous-estimait la souffrance animale quand il ne la niait pas purement et simplement. C'est en train de changer.

Le rapport « confidentiel » rappelle que « la prise en compte et le refus de la douleur physique chez l'homme sont relativement récents ». Dans la foulée, constate-t-il, ils se sont généralisés à l'animal de compagnie qui « doit être convenablement traité, soigné sous anesthésie, euthanasié sans douleur, lorsque c'est nécessaire ».

Tout le monde l'a compris : ici-bas, mieux vaut être chien que bœuf, hamster que brebis. « Il est communément admis, observe encore le rapport, que l'animal de compagnie, adopté pour être aimé, est susceptible, à l'image de son maître, de souffrir physiquement et psychiquement et même d'être protégé à l'égal des hommes ou tout au moins dans des circonstances voisines. L'animal d'élevage, élevé pour être abattu et abattu pour être mangé, n'a pas été l'objet d'un tel anthropomorphisme. »

La protection des droits de la bête pendant l'abattage, reconnaît le rapport dans son doux langage euphémistique, « semble pourtant connaître des limites ». En question, les « contraintes économiques » qui poussent à un rendement élevé, les « dérogations à l'obligation d'étourdir accordée pour l'abattage rituel, mais aussi l'indifférence ou le scepticisme de certains opérateurs sur la réalité de la souffrance animale ».

Que les mammifères souffrent comme nous, la science n'en doute plus. Bien avant qu'elle le confirme, tout le monde, hormis M. Descartes, en était convaincu : il suffisait d'entendre les hurlements des bêtes de boucherie agonisantes.

Humains ou pas, les mammifères ont un cortex et une innervation qui leur permettent de ressentir pratiquement de la même façon le stress, la douleur morale, la souffrance physique ou la nociception, perception sensorielle d'alarme.

S'il arrive que la bête égorgée donne le sentiment d'accepter son sort, c'est qu'elle ne peut se débattre dans son cylindre de contention et que ses cordes vocales ont été sectionnées. Comme le note pudiquement le rapport, la « douleur d'un animal non étourdi au moment de l'égorgement est estimée comme étant intense ».

C'est pourquoi, à moins de récuser l'idée de civilisation et de respect du vivant, l'étourdissement s'impose. Il s'obtient de quatre façons, bien décrites dans la thèse en doctorat de Sandy Espallargas devant la faculté de médecine de Nantes :

Le procédé à percussion, qui consiste, à l'aide d'un instrument, à donner un coup sur le crâne de l'animal, sans toutefois le perforer. C'est une méthode aléatoire qui peut léser le cerveau et n'assure pas l'étourdissement automatique.

Le pistolet à tige performante ou à balle libre, qui neutralise le cerveau de l'animal. Parce que cette méthode provoque les lésions irréversibles, les autorités religieuses sont en droit de dire qu'elle n'est ni casher ni halal.

Le gaz à effet anesthésiant. Pénétrant dans les poumons puis dans le sang, le CO_2 entraîne une perte de conscience. Bien adaptée aux porcs, animaux grégaires qui meurent ainsi en groupe, cette méthode est compliquée à mettre en œuvre et a surtout pour défaut de ralentir les cadences dans les abattoirs.

L'électronarcose où, avec une paire de pinces, on fait passer un courant électrique à travers le crâne de la bête de boucherie afin de l'étourdir. Il faut ensuite la saigner vite, avant qu'elle se réveille. C'est un procédé répandu en France pour les porcs ou les ovins, mais, contrairement à beaucoup d'autres pays, très peu utilisé pour les bovins.

Faut-il généraliser l'électronarcose ? Cette méthode a beaucoup d'avantages. Provoquant une perte brutale de conscience qui se traduit par une chute au sol accompagné de mouvements convulsifs de pédalage, elle ouvre une période d'insensibilité pendant laquelle peut s'effectuer la saignée. Le réveil se produit entre 30 et 58 secondes plus tard pour l'ovin, entre 60 et 85 secondes pour le veau et autour de 50 secondes pour le bovin.

Comme l'écrit prudemment Sandy Espallargas, en s'appuyant sur plusieurs études, les « caractères réversible, non invasif et indolore de l'étourdissement par électronarcose ne s'opposent pas à son utilisation dans le cadre de l'abattage rituel ».

Tout en répondant aux exigences du casher et du halal, cette méthode paraît plus « humaine ». Encore qu'un sérieux doute demeure au sujet des bovins qui, après l'électronarcose, peuvent recouvrer leur sensibilité entre le début de la saignée et la mort par saignée, plus longue, on le sait, que pour les autres espèces.

Pour mettre fin à la barbarie de l'abattage rituel, la solution est donc la généralisation de l'étourdissement par électronarcose, déjà discrètement à l'œuvre dans plusieurs abattoirs que je ne citerai pas pour qu'ils ne soient pas mis à l'index par les islamistes.

Certains pays imposent l'étourdissement tout de suite après l'égorgement : l'Autriche, la Finlande ou l'Estonie. D'autres interdisent carrément l'égorgement sans étourdissement : la Suède, la Norvège, le Danemark, la Suisse ou l'Islande. Un cas particulier : l'Espagne autorise l'égorgement sans étourdissement pour les ovins seulement, ce qui permet de souligner in fine l'atrocité de cette méthode pour les bovins qui mettent tant de temps à mourir.

Parler d'islamophobie à propos de l'interdiction de l'égorgement à vif relève du fanatisme, de la bêtise, de l'ignorance ou des trois en même temps. En 1985, l'Organisation mondiale de la santé et la Ligue du monde musulman ont conclu un accord sur le principe d'un étourdissement par électronarcose avant la saignée des animaux, dans le cadre de l'abattage rituel. La Grande Mosquée de Paris est sur la même ligne, tout comme le sont notamment les autorités islamiques de Malaisie.

Pourquoi nos sociétés devraient-elles être plus islamistes que l'islam ? Au lieu de nous coucher devant les desiderata du premier intégriste venu, ne serait-il pas temps d'écouter les musulmans modérés qui, contrairement aux ultras frénétiques, sont soucieux du bien-être animal ? Qu'est-ce que cette République où les carnivores mangent halal sans le savoir tout en cotisant, également sans le savoir, pour les autorités islamiques ? Voilà où mènent la faiblesse et la rapacité : rien ne valant rien, toutes les méthodes de tueries se valent dès lors que l'assiette est remplie de viande bien saignante.

Mahomet, réveille-toi, ils sont devenus fous ! En son temps, le prophète réclamait de l'« humanité » pour les animaux et, tout au long de sa vie, il a fait preuve d'une grande tolérance en matière d'alimentation. Les seuls qui refusent de reconnaître ces vérités sont les islamistes bornés, notamment ces salafistes habillés comme des bouchers – que les bouchers me pardonnent – qui défigurent l'islam mais font apparemment la loi en France.

Qui tue mal, mangera mal

Que le halal règne en maître après Dieu sur nos abattoirs, c'est bien le signe qu'il y a quelque chose de pourri au royaume de France. Le syndrome d'une société fatiguée, qui ne croit plus en rien, ni en ses valeurs ni en elle-même.

Inutile de chercher à débattre avec les extrémistes religieux, c'est une perte de temps : comme tous les intégrismes, l'islamisme est, par définition, aveugle et sourd. L'ultrajudaïsme pareillement. Les deux retrouveraient l'ouïe, cela ne changerait rien : leur credo créationniste les rend imperméables aux arguments de la raison.

Si les musulmans et les juifs modérés l'acceptent sans difficulté, les fanatiques des deux bords refusent l'électronarcose : après avoir reçu la décharge, on ne le répétera jamais assez, la bête reste pourtant vivante. Inconsciente certes, mais bien vivante quand le couteau la perce et que commence la saignée. L'étourdissement électrique est donc halal ou casher.

Où est le problème ? Ce qui gêne les agités du croissant ou de l'étoile de David, c'est sans doute que l'animal soit insensibilisé. À moins de vouloir le faire expressément souffrir, ce qui semble être leur cas, rien ne s'oppose en effet, du point de vue religieux, à l'étourdissement électrique.

N'en déplaise aux croisés du halal et du casher qui terrorisent les pouvoirs publics, toutes les études montrent, de surcroît, que la saignée n'est pas moins rapide ni moins efficace quand les bêtes sont inconscientes et insensibilisées. De plus, la qualité sanitaire de la viande obtenue sans étourdissement n'est pas meilleure. Même si les études sont encore peu nombreuses, il semble que sa qualité gustative ne soit pas pire non plus. À quelques détails près : la viande d'agneau halal est souvent plus dure, en tout cas les premiers jours. Sa couleur peut être aussi plus foncée.

Si la souffrance, même intense, de la saignée à vif ne change pas la nature de la viande, il est désormais établi qu'un long stress de l'animal avant l'abattage, rituel ou pas, risque de la détériorer considérablement. C'est ce que j'appellerais la punition de Dieu.

Résumons. L'énergie nécessaire à l'activité des muscles de l'animal, humain ou non, est produite par le glycogène, autrement dit les sucres que contiennent les chairs. Si la bête est tuée dans de bonnes conditions, ce glycogène se transformera naturellement en acide lactique, ce qui permettra d'obtenir par maturation une « belle viande bien goûteuse ».

Mais, pour cela, il ne faut pas de stress. Si la bête est en forme mais en état de panique juste avant puis pendant l'abattage, l'acidification excessive provoquera une dénaturation des protéines musculaires et une baisse de sa capacité de rétention d'eau. D'où une viande PSE (pour *pale soft exsudative*), donc pâle, molle, suintante, dite « viande pisseuse ».

Si la bête arrive HS au poste d'abattage, les sucres des chairs épuisés après un transport interminable, un jeûne de plus de vingt-quatre heures et une attente prolongée, l'acidification insuffisante donnera, au contraire, une chair DFD, donc sombre, dure, sèche, dite « viande fiévreuse » qui se dégradera rapidement avec un risque de forte croissance microbienne.

Voilà qui est très moral. Dans le monde de l'abattage et de la boucherie, il y a donc une justice immanente : une bête qui a vécu un chemin de croix avant son sacrifice donnera une viande réputée mauvaise. Qui tue mal, mangera mal.

J'aime l'idée que la nature se venge. C'est particulièrement flagrant dans le cas du thon rouge, espèce menacée d'extinction pour cause de pêche à outrance : les amateurs qui continuent de s'en goinfrer s'empoisonnent lentement mais sûrement au mercure.

Les rejets de mercure proviennent des industries métallurgiques, des exploitations minières ou tout simplement des particuliers. S'il est présent en faible quantité dans l'eau de mer, il se concentre dans les organismes marins et sa teneur augmente au fur et à mesure que l'on monte dans la chaîne alimentaire. À son sommet, les grands prédateurs comme le thon, la lamproie ou l'espadon en deviennent des réserves vivantes.

La toxicité du mercure n'est plus à prouver : malformations fœtales, troubles psychiatriques, dérèglements hormonaux, hypertension, infertilité, difficultés respiratoires, tels sont quelques-uns de ses effets indésirables. Comme si cela ne suffisait pas, il est établi que la chair du thon rouge contient aussi du plomb, des dioxines ou des pesticides. Bien fait !

Il faudra que la langue française invente un jour un mot pour dire : stupide comme un mangeur de thon rouge ou stupide comme un consommateur de viande halal. En attendant, la priorité est d'arrêter la pêche des espèces en voie de disparition et de commencer à « humaniser » les abattoirs, cause qui, hélas, n'intéresse pas grand-monde en dehors de l'OABA (Œuvre d'assistance aux bêtes d'abattoirs). Une association qui, partout sur le terrain, tente d'éduquer le personnel et de convaincre les opérateurs qu'il faut limiter le stress des bêtes, de l'enlèvement de la ferme jusqu'à l'abattage final.

« Un étourdissement bien effectué, dit son président, le vétérinaire Jean-Pierre Kieffer, doit permettre une saignée sur des animaux inconscients et insensibilisés pour éviter leur souffrance et une longue agonie. Cet étourdissement devrait être pratiqué sur tous les animaux, sans exception, dans le respect du statut d'être sensible, en dehors de toute autre considération. »

Il n'y a rien à ajouter. Puisse notre pays ouvrir enfin les yeux et se décider à « humaniser » les pratiques des abattoirs qui, jadis, grâce au merlin notamment, étaient moins barbares que celles d'aujourd'hui. Mais, pour cela, il nous faudrait une société civile qui ne fût plus rongée par la peur et le conformisme comme par des larves. Une société civile capable d'oser et de se transcender, excusez du peu. Le jour où, sur la question animale comme dans d'autres domaines, elle cessera d'écouter son courage qui, aujourd'hui, lui commande de battre en retraite devant les terrorismes intellectuels de toutes obédiences, la France retrouvera son estime de soi.

Le temps des politichiens

Je crains d'avoir à proférer encore longtemps en vain toutes ces choses qu'il ne faut pas dire : elles exaspèrent notre pays, horrifié qu'on puisse montrer du doigt ses fautes ou ses souillures dès lors qu'elles n'ont pas quarante ans d'âge.

Nous irons mieux le jour où, à la gloriole, notre sport national, nous préférerons la vérité, sur la réalité animale comme sur tant d'autres questions, sociales ou économiques. Mais je crains qu'il ne faille hausser le ton pour être entendu de nos élites qui, comme toutes les sphères de la société, sont enfermées mentalement derrière les barbelés de leurs dénis et de leurs peurs.

Certes, à l'image de Winston Churchill, le pionnier, nos politiciens affichent volontiers leur amour des animaux et ce n'est pas toujours du chiqué : qui a vu Jacques Chirac, amateur de bovins, en vrai ou en pot-au-feu, tripoter le cul des vaches sur les marchés aux bestiaux de Corrèze, peut témoigner que l'ancien président était sincèrement à son affaire. Il n'avait pas peur de mettre ses doigts dans la bouse.

Compagnon des bons et des mauvais jours, le chien est un attribut du pouvoir. Comme l'observait drôlement l'écrivain Aldous Huxley, « pour son chien, tout le monde est Napoléon. C'est ce qui explique la grande popularité des chiens ». Il n'y a pas un politicien qui n'ait son animal de compagnie : bichon, épagneul ou labrador. Quand ce n'est pas un cheval. L'animal fait partie de sa famille reconstituée et polyspécifique, celle qu'il exhibe dans les magazines.

Il n'y a pourtant pas grand-chose à attendre de nos « politichiens » sur la question animale. Il faut leur pardonner. Ce n'est pas leur faute. Dans leur métier, il n'est pas recommandé d'être en avance sur la société et la nôtre ne connaît plus guère le monde des bêtes qu'à travers les documentaires télévisés ou les voyages en train, au milieu des vaches ou des bœufs qui paissent.

Il paraît que notre classe politique a perdu le sens de l'Histoire dont elle croit si souvent, la bécasse, qu'elle a commencé le jour de sa naissance. Elle a perdu aussi la capacité de connaître et de comprendre les animaux qui, depuis la nuit des temps, peuplent l'existence de nos ancêtres. Elle ne sait plus rien des orées, des fondrières, des clairières, des rosées du petit matin.

Ce n'était pas le cas de Valéry Giscard d'Estaing, l'un des derniers présidents pour qui la faune et la flore n'avaient pas de secrets.

Passionné de chasse, il a toujours passé beaucoup de temps dans les forêts du Loir-et-Cher pour rechercher les traces du gibier qu'il allait traquer ensuite. Je me souviens l'avoir souvent entendu parler avec éloquence de la confusion des sentiments du tireur devant le cerf abattu : honte, effroi, mélancolie et satisfaction. Une sorte de jouissance douloureuse.

François Mitterrand aimait aussi les forêts, mais il ne chassait pas. Souvent, devant un paysage, il disait avec des trémolos dans la voix qu'il éprouvait le « sentiment d'être de la nature et de la vie ». J'ai réussi mon examen de passage auprès de lui, lors d'une de nos premières rencontres, en 1972, alors que nous traversions des champs de céréales en voiture.

Chaque fois qu'il me demandait ce qu'il y poussait, du blé, de l'orge, de l'avoine ou du maïs, j'avais eu la bonne réponse.

J'étais encore monté d'un cran dans son estime en réussissant une interrogation orale sur les oiseaux, où j'avais bien fait la différence entre les bouvreuils, les rouges-gorges, les bergeronnettes et divers passereaux. Après une jeunesse passée à la campagne, c'était la moindre des choses. Les arbres étaient mon point faible. Un jour, pour son plus grand bonheur, je m'étais lamentablement planté, confondant un hêtre et un charme à cause de la ressemblance des feuilles.

« C'est pourtant simple, m'avait-il dit avec l'autorité de l'expertise. La feuille du charme a des dents. La feuille du hêtre, des poils. »

François Mitterrand avait aussi la passion des animaux, au point que, pendant la passation de pouvoir avec Jacques Chirac, en 1995, il avait tenu à aborder un sujet tout à fait capital à ses yeux : le sort des canards de la présidence. Il demanda en effet à son successeur de prendre soin des palmipèdes par lui introduits dans le parc de l'Élysée. Les pies et les corbeaux faisaient régulièrement des prélèvements sanglants parmi leurs petits. Afin de les en empêcher, le président sortant avait fait installer un grillage de protection sur la pièce d'eau. Pour n'être pas joli, le système n'en était pas moins efficace.

Quelque temps plus tard, Chirac téléphona à Mitterrand pour lui donner des nouvelles de ses canards : aucun n'avait disparu, la République était bien tenue. Il s'engagea à continuer de suivre le dossier de très près.

Qui fréquentait Mitterrand savait que, sur les animaux au moins, rien n'était jamais feint chez lui. Plusieurs fois, dans les années 1970, alors que j'arrivais avec lui à sa résidence secondaire de Latché, dans les Landes, j'ai pu observer qu'il se dirigeait directement dans l'enclos où ses deux ânes, Marron et Noisette, lui faisaient la fête. Il leur parlait, les caressait et leur donnait à manger des céréales, avant de les emmener se promener dans sa forêt de pins.

Mitterrand s'était inscrit à l'Association nationale des amis des ânes, l'Adada, et était intarissable sur Marron et Noisette, leur besoin d'amour, leur caractère moqueur. « Ils nous rendent bien ce que nous disons d'eux », disait-il avant de raconter leurs dernières blagues.

Il était mêmement intarissable sur les exploits de Titus, son basset artésien, qui adorait courir dans les bois, et de Julie, sa labrador, qui fut remplacée plus tard par Baltique, laquelle ne fut pas autorisée, en 1996, à suivre le convoi funèbre de son maître, contrairement à ce qu'il avait demandé expressément dans ses dernières volontés. De cet épisode, le chanteur Renaud a tiré quelques jolis vers :

« Un jour pourtant, je le sais bien,
Dieu reconnaîtra les chiens. »

À bien des égards, François Mitterrand incarne un monde englouti, celui d'une des dernières générations où les humains et les animaux domestiques vivaient, aimaient et souffraient côte à côte. Quand nous habitions tous ensemble le même Grand Tout. Quand nous partagions les mêmes émotions que les chats, les poules ou les vaches. Quand, dès la petite enfance, il nous semblait que le même sang battait dans les veines des bêtes en culottes courtes ou à poils longs.

La raison du plus faible

Il n'y aucune raison de désespérer. Tout en nous éloignant physiquement des animaux sous l'effet de l'urbanisation, nous sommes en train de nous rapprocher d'eux mentalement : observez comme les nouvelles générations tentent aujourd'hui de se raccommoder avec le monde du vivant. Intellectuellement, beaucoup plus que par l'expérience vécue.

Ouvertes aux religions ou aux morales d'Asie, souvent qualifiées de bouddhistes pour faire simple, ces nouvelles générations ont rompu avec la pensée de Descartes qui réduisait les animaux à des montres, ou de Kant qui les comparait à des pommes de terre. Sous leur influence, l'Occident en général et la France en particulier commencent à se préoccuper de la condition des animaux.

Jusqu'à présent, ils n'avaient à peu près que le droit de se faire tuer, en tout cas quand ils étaient catalogués comme bêtes de boucherie. Sur notre Vieux Continent, l'Allemagne a donné le *la*, dès 1990, en distinguant dans son code civil les choses et les animaux. Elle a été suivie par plusieurs pays comme la Grande-Bretagne qui, en 2006, leur a donné un statut juridique. Plus tard, la France s'est enfin alignée en cessant de les considérer comme des « biens meubles ».

La cause animale est une valeur en hausse. Tout comme l'antispécisme, qui considère que notre espèce n'est pas supérieure aux autres. Humains ou non humains, tous les animaux sont égaux, clame son prophète, le philosophe australien Peter Singer, auteur de *La Libération animale*[1], bible du mouvement du même nom. Non sans excès mais grâce à un talent de vulgarisateur, doublé d'une vraie force de conviction, il a réveillé les esprits et fait avancer la cause animale.

Ennemi des élevages intensifs et des tueries industrielles, Peter Singer abhorre le spécisme, autrement dit cet humanisme dévoyé qui met l'animal humain au-dessus de tout, pas loin du

1. Petite bibliothèque Payot, 2012.

Seigneur Dieu, assis sur son nuage. Iconoclaste, il compare volontiers son combat pour la cause animale à celui des féministes pour l'égalité des sexes ou à celui des antiracistes contre le sort fait aux Noirs américains.

Sans doute Peter Singer est-il trop idéaliste, voire extrémiste. Mais si son discours fait aujourd'hui des émules dans le monde entier, du journaliste Aymeric Caron[1] à la créatrice de mode Stella MacCartney en passant par l'acteur Brad Pitt, c'est bien le signe que l'humanité est arrivée au bout d'un long processus mental, commencé dans l'Antiquité avec Pythagore, le premier philosophe, puis avec Plutarque qui, dans ses *Trois traités pour les animaux*[2], nous exhortait à ne pas manger la chair et les plaies de « corps morts » : « Quelle rage, quelle fureur vous incitent à commettre tant de meurtres, alors que vous avez à votre saoul grande affluence des choses nécessaires à votre vie ? » Mettre sur une même table des vins, des légumes et des fruits avec un morceau de viande grillée, voilà qui était à ses yeux le comble de l'abomination.

1. Auteur de *No steak*, Fayard, 2013, excellent manuel de combat pour la cause animale.

2. POL, 1992.

Plus tard, le courant pour la cause animale s'est développé dans le sillage de Michel de Montaigne, puis d'Arthur Schopenhauer, avant de culminer à partir du XXe siècle avec Claude Lévi-Strauss, Jacques Derrida, Michel Onfray, Peter Singer ou Élisabeth de Fontenay, auteur d'un chef-d'œuvre dans son genre, *Le Silence des bêtes*, une somme qui donne une voix au monde des bêtes, qui en a toujours été privé, en explorant les rapports entre l'animalité et la philosophie. Dans la foulée de ce mouvement général se sont répandus en Occident le végétarisme – qui exclut la consommation de toute chair animale –, le végétalisme – qui refuse en plus tout produit d'origine animale (œufs, fromages, miel, etc.) – ou encore le vegan – qui ajoute aux interdits le port du cuir ou de la laine.

Trois phénomènes de société qui pourraient bien faire du XXIe siècle celui de la cause animale qui, partout sur la planète, reprend, si j'ose dire, du poil de la bête sur fond de cosmogonie. Sans doute y a-t-il, à propos de l'animal aussi, une « exception française ». Il ne tient qu'à nous de la faire tomber en dénonçant sans relâche à la face des indifférents la barbarie de l'élevage intensif et de l'abattage industriel.

La science ne peut que nous aider dans ce combat. Après avoir délaissé pendant des siècles les animaux non humains, elle avance aujourd'hui à grands pas dans leur connaissance, confirmant chaque jour davantage les thèses de Charles Darwin pour qui les bêtes étaient « nos proches parents ». Toutes les bêtes, y compris les écrevisses – qui éprouvent des émotions puisque, comme viennent de le révéler des chercheurs de l'université de Bordeaux, elles sont sujettes au stress et à l'anxiété.

Souvent, j'aime faire mon Épicure : souffrant de la maladie de la pierre, le philosophe grec célébrait le bonheur de voir voler une mouche avec la Méditerranée en arrière-plan. J'écris ces lignes à la villa Paradis, au cap Brun, devant la baie de Toulon. C'est le matin. Sous le ciel laiteux, la mer molle dort encore. Au-dessus de moi, un écureuil roux vaque à ses occupations sur son grand pin tortu qui pleure sur le jardin. Il me prend de haut et ne cherche pas le contact. Ce n'est pas le cas de la perruche calopsitte, avec sa houppette jaune, qui, à quelques pas de moi, effectue des pas de danse sur la rambarde du balcon pour se rendre intéressante. Une pipelette. Elle aimerait que je lui parle, mais il faut que je finisse ce livre.

Cette perruche est une personne, la question ne se pose même pas. La preuve, elle est égocentrique. Avec ça, cabotine et astucieuse, très astucieuse. Grâce à feu sa congénère Sparkie, gloire britannique des années 1960, qui avait un vocabulaire de 531 mots et de 383 phrases, on sait que cette espèce fait partie du cercle des animaux les plus intelligents de cette planète.

J'ai toujours une gêne à parler d'intelligence, animale ou pas : ce mot signifie le pire ou le meilleur. Si grande soit-elle, la nôtre nous a éloignés du monde que nous prétendions surplomber. Elle nous a, si je peux me permettre, rendus bêtes. Autrement dit aveugles et sourds à l'univers, comme Descartes, Sartre, Heidegger et tant de singes savants, mâles imbus de leur science, animaux humains ridiculement animalophobes.

L'animalophobie, fruit de l'ignorance et de la vanité, est une absurdité qui n'a plus d'avenir. Est-ce parce que nous sommes terrifiés par la bête tapie dans les tréfonds de notre conscience que nous n'avons de cesse de dévaloriser et de massacrer les êtres vivants dont nous nous goinfrons ensuite ? Il y a là-dedans des pathologies qui remontent, comme des renvois de vomi, à bien avant le commencement de l'humanité.

L'homme a été fait pour le monde et non le monde pour l'homme. Il est temps que nous apprenions à vivre et, surtout, à vieillir ensemble. En attendant, je me demande ce que penseront de nous les calamars géants ou les êtres improbables, venus de l'une des nombreuses exoplanètes où, dans d'autres galaxies, la vie est possible, quand ils tomberont sur nos boutiques avec des étals sanglants et des chambres froides, remplies de chairs mortes dont nous nous repaissons, nous autres animaux humains, les yeux luisants d'avidité et les lèvres lustrées de graisse cuite. Je crains que nous ne leur inspirions que du dégoût, à moins qu'ils n'aient pitié de nous.

Petite bibliographie

Jean-Claude Ameisen, *Sur les épaules de Darwin*, deux volumes parus, Les Liens qui Libèrent, 2012.

Claude Béata, *Au risque d'aimer*, Odile Jacob, 2013.

Jean Birnbaum (dir.), *Qui sont les animaux ?*, Folio-Essais, 2010.

Laura Bossi, *Histoire naturelle de l'âme*, PUF, 2003.

Florence Burgat, *Animal, mon prochain*, Odile Jacob, 1997.

Aymeric Caron, *No steak*, Fayard, 2013.

Yves Christen, *L'animal est-il une personne ?*, Champs-Flammarion, 2011.

Boris Cyrulnik, *Sous le signe du lien*, Pluriel, 2010.

Boris Cyrulnik, Élisabeth de Fontenay, Peter Singer, *Les animaux aussi ont des droits*, Seuil, 2013.

Charles Darwin, *L'Origine des espèces*, Garnier-Flammarion, 2008, et *La Filiation de l'homme*, Champion, 2013.

Jacques Derrida, *L'animal que donc je suis*, Galilée, 2006.

René Descartes, *Discours de la méthode*, Garnier-Flammarion, 2000.

Élisabeth de Fontenay, *Le Silence des bêtes*, Fayard, 1998.

Pierre Gascar, *Les Bêtes*, Gallimard, 1978.

Jean-Baptiste Jeangène Vilmer, *L'Éthique animale*, PUF, 2011.

Temple Grandin, *L'Interprète des animaux*, Odile Jacob, 2006.

Karine Lou Matignon, *Sans les animaux, le monde ne serait pas humain*, Albin Michel, 2003.

Charles Patterson, *Un éternel Treblinka*, Calmann-Lévy, 2008.

Plutarque, *Trois traités pour les animaux*, POL, 1992.

Pascal Picq, *Les Origines de l'homme : l'odyssée de l'espèce*, Points-Sciences, 2005.

Pascal Picq, Jean-Pierre Digard, Boris Cyrulnik, Karine Lou Matignon, *La Plus Belle Histoire des animaux*, Seuil, 2004.

Patrice Rouget, *La Violence de l'humanisme : pourquoi faut-il persécuter les animaux ?*, Calmann-Lévy, 2014.

Peter Singer, *La Libération animale*, Petite bibliothèque Payot, 2012.

Isabelle Sorente, *180 jours*, Lattès, 2013.

Noëlle Vialles, *Le Sang et la Chair*, Éditions de la Maison des sciences de l'homme, 1987.

Frans de Waal, *Le Singe en nous*, Fayard, 2006.

Remerciements

Si ma femme ne m'avait harcelé depuis des années pour que j'écrive ce livre, je crois que je ne l'aurais jamais écrit, ni même commencé, alors que je le portais en moi. Merci Valérie.

Si ma chère assistante ne me soutenait à bout de bras pour tous les détails de la vie quotidienne, je me serais noyé dedans, corps et âme, depuis très longtemps déjà. Merci Françoise Vernat.

Si Jean-Marc Turc ne me fournissait sur le champ le chiffre, le rapport ou le document qu'il me faut pour avancer dans mon travail, j'y serais encore, le front en nage. Merci Jean-Marc.

Merci, enfin, à Fabrice d'Almeida, mon éditeur.

Table

Composition et mise en pages
Nord Compo à Villeneuve-d'Ascq

Cet ouvrage a été imprimé en France par
CPI Bussière
à Saint-Amand-Montrond (Cher)
en septembre 2014

Fayard s'engage pour l'environnement en réduisant l'empreinte carbone de ses livres. Celle de cet exemplaire est de :
0,450 kg éq. CO_2
Rendez-vous sur www.fayard-durable.fr

PAPIER À BASE DE FIBRES CERTIFIÉES

75-57-2228-6/01

Dépôt légal : septembre 2014.
N° d'impression : 2012126.